부자의 첫걸음
내 집 마련

부자의 첫걸음
내 집 마련

이종주 강수정 권순미 김명호 김예은 김이삭 김익수 김채원 김형남 노수영
모원민 민수인 박덕훈 신우진 신일식 심규범 오혜린 용혜숙 이강민 이승재
이옥주 이영원 이영환 이혜원 임명섭 임지영 장순신 장영복 한기수 홍성준
지음

매일경제신문사

프롤로그

현대사회는 바쁘다. 사회구조와 가치관의 변화로 인해 현대사회로 올수록 사회 변동 속도가 빨라지면서 사회문제도 보다 복잡하고 다양해지고 있다. 이런 현실에서 살아남기 위해 오늘도 많은 사람이 바쁘게 뛴다. 근로 업무에 치우쳐 개인적인 삶을 누리는 것이 사치스럽게 느껴지는 때가 많다. 이렇게 바쁘게 살아가는 이유는 잘 먹고 잘살기 위해서다.

하지만 현실은 그리 녹록지 않다. 금수저, 흙수저라는 신조어가 등장할 정도로 우리 사회는 개인의 능력으로 아무리 노력해도 닿을 수 없는 계급이 존재한다는 의식이 팽배해지면서 사회적 허탈감이 증가하고 있다. 안정된 일자리를 얻지 못하는, 또는 얻었어도 언제 잃을지 모르는 불안 속에서 20대의 58%가 취업할 때 인맥과 연줄이 '매우 영향을 준다'라고 답했다. '부모의 능력이 매우 영향을 준다'라는 응답도 44.4%

에 달했다. 개인의 노력보다 배경 요인이 중요하다고 여기는 것이다.

얼마 전 네덜란드 직장인들의 일상생활을 다룬 다큐멘터리를 본 적 있다. 저녁 7시 전에 집에 도착해서 식탁에 둘러앉아 온 가족이 저녁 식사하는 모습이 일상이 된 생활에 포근함이 느껴졌다. 당당하게 휴가를 내고 아이의 생일파티에 참석할 수 있는 사회 분위기가 신선했다.

하지만 우리나라의 직장 현실은 어떠한가! 이른 출근, 반복되는 야근, 불안한 일자리, 넘쳐나는 업무에 상사 눈치 보랴, 후임 신경 쓰랴, 몸과 마음이 지친다. 잘살아보자고 모든 걸 참고 다니는데 현실은 허리띠를 졸라매도 전세금을 올려주기가 벅차다. 열심히 일하는데 부자가 되지 못한다. 어디서 잘못된 걸까?

나는 이 책을 통해서 부자가 되는 사람이 늘어나길 바란다. 통화량 증가에 따른 화폐가치의 하락, 우량 실물자산의 가치, 인플레이션, 우리나라 부동산의 특수성을 파악해 부자가 되는 법칙을 알려드리려 한다. 누구나 쉽고 빠르게 도달할 방법이 있다. 정확한 근거를 통해 수도권 소형아파트의 갭 투자가 얼마나 우수하며 가치가 있는지 설명한다.

이제는 저축만 하고 있으면 앉아서 손해 보는 구조로, 투자는 통화량 상승에 따라 화폐가치의 하락에서 나의 소중한 자산을 지키는 최소한의 행위라고 할 수 있다. 현재 나의 직업(Main job)을 지속하며 나의 자산을 풍요롭게 늘려주는 시스템, 그리고 안정성·수익성·환금성 3마리 토끼를 한 번에 잡는 투자법이 바로 갭 투자다.

1가지 수입에 의존하는 불안한 외발자전거 시스템에서 벗어나 모든 분이 메인 잡, 소형아파트 갭 투자, 이에 파생되는 다른 수입원으로 세발자전거 시스템을 구축해 어떤 어려움이 와도 쓰러지지 않도록 하는 것이다.

나는 그동안의 부동산 컨설팅 노하우를 살려 슈퍼리치 클럽을 설립해 많은 분에게 갭 투자의 우수성을 전파하고 있다. 고정관념과 편견을 벗고 개방적인 사고로 갭 투자에 관심을 갖고 실천하기를 바란다. 우리나라 무주택자의 비율은 40.7%다. 이 많은 세입자분이 자본주의의 화폐경제를 이해하고 하루빨리 세입자의 굴레에서 벗어날 수 있기를 바라는 마음이 간절하다. 부동산은 재테크가 아닌 과학적인 경영이다. 이에 따라 슈퍼리치 클럽은 일간, 주간, 월간, 분기, 연간으로 치밀하게 나누어져 있는 피드백 시스템을 운영하며, 크고 담대한 목표를 설정하고 끊임없이 도전하는 곳이다.

또한, 인재 양성에 노력하고 있다. 기업의 목적은 결론적으로 사람을 키우는 것이라는 게 나의 견해다. 예수, 석가모니, 과거의 성현들도 다 그랬다. 공자가 3,000명의 제자를 양성했듯이 기업은 캠퍼스이며, 인재를 양성하는 곳이어야 한다. 그것이 바로 우리 슈퍼리치 클럽의 존재 이유다. 재테크의 방법은 다양하다. 이 많은 방법 중 가장 안전하고 수익성이 높으며 환금성이 좋은 방법은 무엇인지 살펴보아라. 답이 나올 것이다.

목적이 있는 삶을 살아야 한다. 무엇을 해야 할지, 말아야 할지를 명확히 알면 열정이 생긴다. 그렇지 않고 아무 생각 없이 손에 닿는 대로 일을 처리하면 바쁘게 뛰어다니기만 할 뿐, 어느 것 하나 제대로 해결하기가 어렵다. 최고의 선택은 고민하는 시간에 비례하지 않는다.

목표가 명확하면 선택이 쉽다. 자신이 원하는 것을 아는 것은 어둠 속을 항해하는 선장에게 앞으로 나아가야 할 곳을 뚜렷이 알려주는 등대가 된다. 목표를 세웠으면 즉시 실행에 옮기는 자세가 필요하다. 자유를 누리고 싶은가? 그럼 경제적 자유를 얻어라. 나는 경제적 자유를 얻을 기회를 이 책을 통해 충분히 설명하고 있다. 자본주의의 이데올로기 속에서 이 책을 읽는 분들이 대한민국 상위 1% 슈퍼리치가 되길 소망한다.

이종주

대한민국에서 부자 되는 법

슈퍼리치가 되는 문은 활짝 열려 있다

PART 03 부동산 투자의 3대 핵심 키

PART 04 소형아파트, 재테크를 넘어 사업이다

PART 05

두려움 한 방에 해결하기

PART 06

부자가 되고 싶은데 현재 돈이 없다는 건 핑계다

PART 07

부동산 투자 Q&A

대한민국에서 부자 되는 법

탄생부터 삶이 정해져 있다?

금수저, 은수저, 흙수저는 현재 우리 사회에서 대단히 큰 이슈인 단어로, 이는 사회 계급을 나누는 것을 뜻하는 신조어다. 금수저란 부모의 재력과 능력이 매우 좋아 아무런 노력과 고생을 하지 않음에도 풍족함을 즐길 수 있는 자녀들을 지칭한다. 반면 흙수저는 부모의 능력이나 형편이 넉넉지 못한 어려운 상황에 경제적인 도움을 전혀 못 받는 자녀를 지칭하는 단어로 금수저와는 상반되는 개념이라 할 수 있다. 이런 신조어가 등장할 정도로 우리 사회는 개인의 능력으로 아무리 노력해도 닿을 수 없는 계급이 존재한다는 의식이 팽배해지면서 사회적 허탈감이 증가하고 있다.

우리 사회의 가장 아픈 대목은 계층 상승의 희망이 사라진 것이다. 어느 사회나 잘사는 사람, 못사는 사람들이 섞여 살고 있다. 그러나 그런 사회에서도 계층 상승이 가능한 기회가 있어야 희망적이다. 한 예로

교육은 계층 상승이 가능한 개방된 기회였으나, 지금은 교육조차 돈 가진 사람들의 전유물이 되어 없는 사람에게는 기회 자체가 주어지지 않고 있다. 사교육 시장은 철저히 돈이 지배하는 구조다. 따라서, 있는 사람은 양질의 교육으로 자식을 키울 수 있지만 없는 사람은 불가능하다. 예전에는 집이 가난해도 열심히 공부하면 성공할 수 있다는 믿음이 있었지만, 지금은 부모의 경제력에 따른 교육 격차가 커지면서 개천에서 용이 나기 어렵게 된 것이다. 외형적인 경제 지표로는 세계 10위권의 국가지만, 부의 편재가 심해 보통 사람들은 행복하지 못한 게 현실이다.

통계청이 펴낸 〈한국의 사회동향 2019〉를 살펴보면, 지난 IMF 이후 20년 동안 소득 양극화가 벌어지면서 자신을 최하층이라고 인식하는 가구가 많아졌다고 한다. 소득 · 직업 · 교육 · 재산 등을 고려한 사회 경제적 지위가 어디에 속한다고 생각하는지에 대한 질문에는 20%의 국민이 최하층이라고 응답했다. 중간층에 속한다고 생각하는 비율 역시 60%대에서 53%로 낮아졌다. 평생 노력을 통해 계층 이동을 할 가능성에 대해서는 20년 전에는 낙관론자가 60%였지만, 최근에는 비관론자가 60%다. 특히 핵심 근로 연령대인 30~40대의 70%가 비관적이다.

이렇듯 우리 사회는 탄생부터 계급이 정해져 있으며, 열심히 노력해도 계급 상향이 불가능하다는 부정적인 인식 속에 노동력 의지 감소와 심리 위축이 가중되고 있다. 이는 개인뿐만 아니라 사회 전반에 부정적인 영향을 끼치고 있어 안타까움을 금할 수 없다.

저축만이 살길인가?

힘든 고3 생활, 높은 대학 문턱을 넘었다는 기쁨도 잠시, 어느새 졸업이 다가오고 취업의 압박이 가중된다. 이력서를 넣을 때마다 심혈을 기울이지만, 번번이 낙방하는 현실 속에 몸도 마음도 지쳐간다. 그렇게 수차례의 도전 끝에 취업에 성공해 직장에서 패기 있는 신입 생활을 시작한다. 처음 받은 월급으로 부모님 선물도 사드리고 주변에 한턱내기도 하며 자신도 어엿한 사회인이 되었음에 뿌듯해한다. 장래 결혼 계획을 꿈꾸며 열심히 저축해서 내 집도 마련해야지 하는 당찬 포부로 한 달, 두 달 적금도 넣는다.

그런데 지금 다니는 직장이 상상해오던 그곳이 맞는가? 취업난을 뚫기 위해 이리저리 마구잡이로 낸 이력서에 적성이 안 맞는 곳도 많고, 과중한 업무에 지친다. 새벽 출근, 야간 퇴근은 기본인 현실에 일주일간의 근로시간은 휴식시간을 제외하고 40시간을 초과할 수 없다는 근로기준법 제50조 1항의 조문은 멀게만 느껴진다. 여기에 직장 내 상사, 동료와의 갈등까지 있다면 설상가상이다. 그렇게 힘든 직장 생활을 버티면서 1%대 금리에 만족하며 3년, 5년 지속해서 저축하면 내 삶이 나아져 있을까? 내 삶이 풍요로워져 있을까? 하지만 저축 이자보다 물가 상승률이 더 높은 게 현실이며, 돈 모아서 집을 사려면 이미 집은 그사이 배 이상 올라 있고, 2년 꼬박 모아도 전세금 올려주기에도 벅찬 세상이다.

열심히 사는데 집 1채 장만하기 힘들다

물가 인플레이션, 나날이 오르는 집값에 내 집 마련이 버거워지고, 아이를 출산하면 대학 졸업까지 평균 3억 원이 넘는 양육비가 추정되는 현실에 연애·결혼·출산 3가지를 포기한 3포 세대란 말이 유행했다. 요즘엔 N포 세대라 부른다. 취업 시장의 신조어로 기존 3포 세대, 5포 세대(3포 세대 + 내 집 마련, 인간관계), 7포 세대(5포 세대 + 꿈, 희망)에서 더 나아가 포기해야 할 특정 숫자가 정해지지 않고, 여러 가지를 포기해야 하는 세대라는 뜻에서 나온 말이다. 사회·경제적 압박으로 인해 포기한 게 너무 많아 셀 수도 없다는 의미다.

착실히 저축한 돈으로 집 1채를 살 수 있는가? 서울에서 집을 사려면 월급을 한 푼도 안 쓰고 17.8년 가까이 모아야 한다는 조사 결과가 있다. 서울에서 전세보증금을 모으는 데도 10년이 걸린다. 2021년 5월 31일 KB부동산 월간KB주택가격동향에 따르면, 3분위 가구·3분위 주택 기준, 서울의 '소득 대비 집값 비율(PIR)'은 2021년 3월 기준, 17.8로 집계되었다. 관련 통계 작성을 시작한 2008년 이후 역대 최고치다.

이렇듯 착실히 저축해서 집을 사기에는 버거운 게 우리나라의 현실이다. 이를 반영하듯 통계청의 〈2019년 주택소유통계〉 자료를 보면 우리나라 무주택 가구는 전체 가구의 40.7%에 달하고 있다.

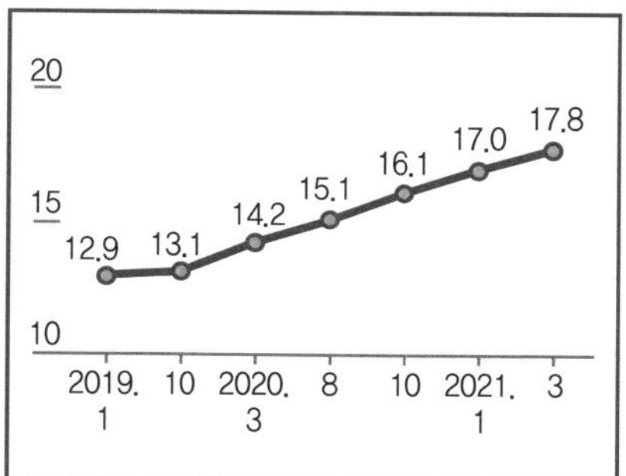

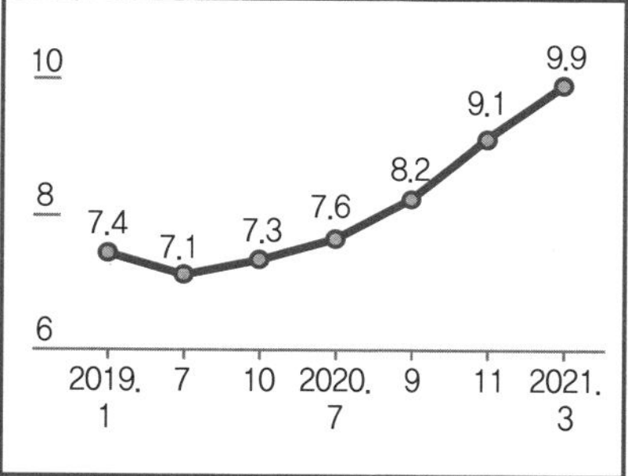

출처 : KB부동산

돈을 벌었다는 사람 중에 왜 나만 빠져 있나?

열심히 살고 열심히 저축했는데 현실에서는 개미보다 베짱이가 돈을 벌었다. 학창시절 나보다 못났던 친구가 동창회에 재력을 거들먹거리며 등장한다. 배가 아프고 잠이 안 온다. 돈을 벌었다는 사람 중에 왜 나만 빠져 있을까? 자괴감이 드는 순간이다. 이런 기분을 느낀 분들이 많을 것이다.

인플레이션, 지가 상승, 통화량 상승, 저금리 예금 등으로 인해 저축만으로 돈을 벌 수 있는 시대는 지났다. 예금금리보다 인플레이션이 더 높은 상황에 돈을 은행에 넣으면 당장 몇 푼의 이자를 받은 것처럼 보일 뿐, 실제로는 화폐가치의 하락으로 손해를 보고 있다. 전세도 마찬가지다. 임차 기간에 나의 전세금을 오롯이 보존할 수 있으니 손해가 아니라고 생각할 수 있으나, 이 또한 인플레이션을 고려하면 손해를 보는 것이다. 당장 월세가 나가지 않는다고 이득을 보고 있다고 생각하는 당신은 참으로 순진하다. 그렇다고 당장 전세금을 빼고 월세로 전환해 그 돈으로 함부로 투자하라는 뜻은 절대 아니다.

정확한 지식 없이 감언이설에 속아 시중에 떠도는 허황된 움직임에 돈을 날릴 바에야 가만히 있어라. 가만히 있어도 중간은 간다고 했다. 주위에서 누가 돈 벌었네 하면 마음이 급해져 나도 빨리 무엇인가 해야겠다는 생각에 쉽고 빠른 효과만을 고집하는 사람들이 있다. 투자할 때 인내는 반드시 갖춰야 할 덕목임에도 이를 망각하는 것이다. 또한, 고민은 하지만 실행은 못 하는 사람들이 있다. 무턱대고 쉽게 결정하는 것도 좋은 방법은 아니지만, 너무 오래 고민하다가 이러지도 저러지도 못하는 경우 역시 문제다. 괜히 이리저리 헛품 팔지 말라. 정확한 근거와 정보에 입각한 투자법을 발견하고 그들의 사례를 보고 확신이 서면, 그때 과감히 실행에 옮기는 것이 답이다.

넘쳐나는 재테크,

도대체 뭘 해야 하지?

서점에 가면 다양한 재테크 책들이 있다. 연금, 보험, 주식, 경매, 토지 등 각 분야의 책들이 있는데, 내용을 보면 하나같이 자신의 방법을 최고의 재테크라고 말한다. 물론 그분들은 각 분야의 전문가로 그 업계에서 짧게는 몇 년, 길게는 몇십 년 동안 종사하며 쌓은 노하우와 실력이 겸비되어 있을 것이다.

그분들의 눈으로 볼 때는 본인의 분야가 쉽게 느껴질 수는 있으나, 이제 막 재테크에 관심을 가지는 초보 투자가가 쉽게 접근할 분야는 아니다. 또한, 그분들이 실제로 돈을 많이 벌었을까? 금융 전문가, 자산관리 전문가들이 월급과 수수료 외에 본인의 업종에 주력 투자해서 큰 수익을 봤을까? 증권회사에서 근무하는 직책이 높은 임원, 책임자들이 증권으로 돈을 제일 많이 벌었을까? 그렇지 않다. 이처럼 각 분야 전문가라고 자칭하는 분들도 그 업계에서 큰 수익을 내지는 못한다. 물론 수익을 내는 분들도 있겠지만, 평균 수치를 따지면 그렇다는 이야기다.

나는 초보 투자자뿐만 아니라 유수의 재테크를 두루 해보신 분들에게 기존의 투자와 차별된, 안정적으로 큰 수익을 낼 수 있는 방식을 말씀드리려고 한다. 정확한 근거와 지식을 바탕으로 우리 회원들의 실제 사례를 소개하며, 누구나 쉽고 빠르게 고수익을 올릴 수 있는 소형아파트 갭 투자 방법이다. 갭 투자는 어려운 공부가 필요하지 않고, 고지식한 이론을 장황하게 늘어놓지도 않으며 많은 시간을 할애할 필요도 없다.

나는 건축을 전공했으며 건축 분야에서 오랫동안 업무를 했다. 이 책을 통해 건축 전문가의 입장에서 갭 투자에 대해 냉정히 분석해 정확한 근거를 제시해드리겠다.

슈퍼리치가 되는 문은 활짝 열려 있다

아파트 갭 투자란 무엇인가?

갭 투자란, 최소한의 자금으로 주택 매입과 동시에 시세차익까지 낼 수 있는 투자법으로, 전세를 끼고 주택을 매입하는 것을 말한다. 전세가격 상승이 계속되면서 매매가격에 대비해 전세가율이 높은 지역이 우선 고려 대상이 된다. 또한, 학군, 역세권, 산업단지, 인구 유입, 개발 호재 등을 분석해 꾸준히 전세가격과 매매가격이 상승할 수 있는 지역을 골라 투자하는 방식이다.

다음의 그림처럼 매매가격 2억 원/전세가격 1억 8,000만 원인 아파트를 실제로 구매하면, 나의 자본은 2,000만 원이 필요하다. 여기에 통상 취등록세 1.1%, 매매 중개수수료 0.4%, 전세 중개수수료 0.3%, 법무사 수수료가 드니 부대비용은 400~450만 원 내외가 소요된다. 따라서 2억 원의 아파트를 전세 끼고 매매하는 갭 투자 시 2,500만 원의 비용만 있으면 가능하다.

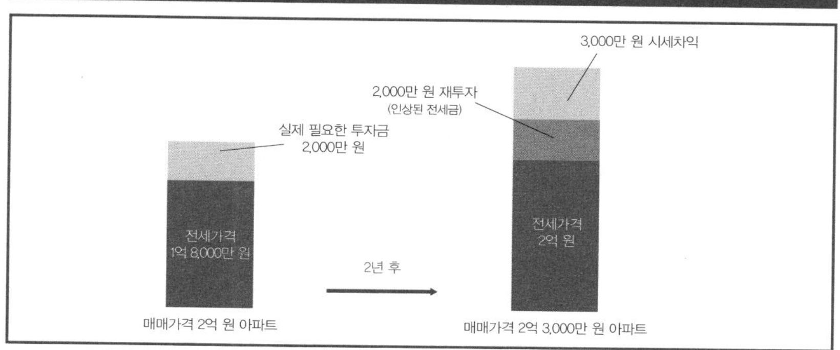

* 매매가격과 전세가격의 상승을 전제로 예상한 예시임(IMF와 같은 특수 상황에서는 하락도 함)

임대차 기간인 2년 후에 전세금이 2억 원으로 인상되면 오른 2,000만 원의 전세금으로 다시 갭 투자를 할 수 있다. 또한, 기존 2,500만 원을 투자해서 3,000만 원의 매매시세 차익이 생겼으니 연 60%(2년 120%)의 잠재적인 수익도 확보한 것이다(갭 투자 시 2년 후에 바로 매도하지 말고 인상된 전세금으로 지속해서 규모를 늘려나가는 방식으로 해야 한다. 황금알을 낳는 거위를 잡아먹는 우를 범하지 말라).

수도권의 아파트는 누구나 꿈꾸지만, 자본이 넉넉하지 않다면 남의 일처럼 멀게만 느껴지는 게 현실이다. 40.7%의 무주택자 비율, 1인 가구 증가, 국토의 12%도 안되는 수도권 면적에 50%의 국민이 사는 형태는 교육·문화·교통의 중심지인 수도권 소형아파트의 가격을 나날이 상승시키는 구조다. 사두면 오른다는 것은 알지만, 자본이 넉넉지 않은 현실에 유용하게 활용할 수 있는 방법이 바로 갭 투자다.

전세가격이 지속해서 상승하는 지역을 골라 전세를 끼고 매매하는 형태인 갭 투자는 20~40%의 자본 투자로 오른 전세금의 수익을 오롯이 소유자인 본인이 누리는 것이다.

상위 1% 진입 나도 가능할까?

우리나라의 상위 1% 보유자산은 부동산 25억 원, 현금 5억 원으로, 이는 부채를 제외한 순자산이 30억 원인 것을 말하며, 연평균 소득은 3억 9,000만 원이다. Main job(전문직, 자영업, 근로소득자), 부동산 임대사업, 기타 수입원이 있는 구조다.

우리나라 상위 1% : 부동산 25억 원, 현금 5억 원

1. 연령	48.8세
2. 거주전용 면적	38.2평
3. 가족 수	3.81명
4. 거주 지역	수도권 59.9%
5. 연평균 소득	3억 9,000만 원
6. 부동산	25억 원
7. 현금	5억 원

나의 현재 재정상태를 냉정히 분석해보자. 부채를 제외하고 보유 중인 부동산이 25억 원이 넘는가? 5억 원이 넘는 현금이 있는가? 지금 방식대로 열심히 살면 이 수치에 닿을 수 있겠는가? 아마 대부분의 사람이 고개를 저을 것이다. 사회구조가 열심히 저축한다고, 열심히 노력한다고 그 가치만으로 부를 창출해주지 않기 때문이다. 하지만 나는 갭투자를 통해 상위 1%가 실현 가능하다고 확신한다. 나와 회원들의 사례를 통해 상위 1%의 꿈이 실현되고 있음을 몸소 체험하고 있다.

의식의 전환으로 평생 오르지 못할 것 같았던 상위 1% 슈퍼리치에 진입할 것인가, 아니면 지금처럼 근근이 살면서 2년마다 전세금 올려주느라 허리를 조일 것인가! 선택은 본인의 몫이다. 스스로 알을 깨고 나오면 한 마리 생명력 있는 병아리가 되고, 남이 깨주면 일회용 달걀부침이 된다. 행동하는 자가 성공을 쟁취하는 법이다.

부자의 80%는 부동산 부자다

우리나라 부자의 80%는 부동산으로 재산을 불렸다. 이 말은 곧, 부자의 지름길은 부동산 투자라는 것이다. 부동산 투자는 멀리 있는 것이 아니다. 자신이 사는 집 하나가 부동산 투자다. 수십 억 원을 가진 부동산 재벌도 모두 자신이 사는 집 하나에서 부동산 투자를 시작했다. 그러므로 첫 집은 부동산 부자, 나아가서 큰 부자가 되는 초석임을 알 수 있다. 재테크는 여유 있는 사람들의 전유물이 아니다. 은행은 돈을 보관하는 곳일 뿐, 불려주는 곳은 아니다.

예전에는 돌잔치에 금반지 선물을 많이 했다. 한 돈이면 5만 원, 반 돈이면 3만 원 내외에서 구입할 수 있어 현금비용과 비슷했기 때문이다. 하지만 지금은 어떠한가? 한 돈에 28만 원이 넘는 가격이 되어 돌잔치에 금반지 선물을 하기란 쉽지 않다.

이렇듯 통화량 상승에 의한 화폐가치의 하락으로 우량자산의 투자는 큰 대안을 마련해준다. 우량 소형아파트에 투자하는 갭 투자는 안정적인 수익과 부의 창출을 거머쥘 수 있는 가장 확실한 대안이다.

언론에서는 '부동산이 고점이다', '역전세가 올 것이다', '매매가격이 하락할 것이다'라며 위기를 조장하기도 한다. 하지만 이에 감춰진 진실을 아는가? 우리나라 대기업의 주 회사는 예금·주식·보험·채권 등 금융권 회사가 많다. 이에 부동산으로 자금이 쏠리는 현상이 가중되면 이 기업들은 불이익을 받을 수밖에 없다. 저축자금·주식자금·보험가입자금·채권매입자금들이 부동산으로 흘러가면 금융회사는 수익 저하로 큰 불이익에 직면하게 된다. 이에 끊임없이 언론을 통해 부동산에 관한 악평을 쏟아내는 것이다. 이 기사를 곧이곧대로 믿은 국민들이 부동산 위기론에 겁먹어 금융으로 눈을 돌리면 기업의 플레이는 성공하는 것이다.

현실을 냉정히 보고 무엇이 옳고, 그른지를 판단해야 한다. 언론에 속아 줏대 없이 군중의 심리에 무작정 휩쓸리지 말고 남들과 다르게 생각하는 역발상을 터득해보자.

부자들의 투자 방식

부자들의 투자 방식을 보면 몇 가지 공통점이 있다.

부자들의 투자 방식의 공통점

❶ 부동산 투자를 통해 자산을 축적했다. 부자들은 사업체 운영을 통해 얻은 수입을 부동산 투자를 통해 더욱 불린다.

❷ 향후 부동산 시장에 관심이 높으며, 부동산 시장에 대해 낙관적 전망을 유지하면서 보수적이고 안정적 투자를 지속해서 하고 있다.

❸ 투자의 주체가 된다.

❹ 확신이 들면 행동이 빠르다.

❺ 자신의 선택에 후회하지 않는다.

부자들은 저성장시대라도 부동산을 여전히 매력적인 자산 증식 수단으로 인식하고 있다. 여기에다 부동산 시장을 비관적으로 보기보다는 낙관적 관점을 유지하면서 투자를 하고 있다. 부동산도 일시적으로 소폭등락을 할 수는 있다. 하지만 기간을 놓고 보면 어찌 되었든 오른다는 것이다. 조금 올랐다고 좋아하고, 조금 떨어졌다고 실망하지 않는다. 바닷가에 잔잔한 파도는 항상 있는 법이다.

부자들은 대인배 정신을 갖고 있다. 결과적으로 오르면 된 것이다. 부자들은 확신이 들면 과감히 행동한다. 고민만 하는 것은 아무짝에도 쓸모없다는 것을 잘 알고 있다. 고민한다는 것은 하고는 싶은데 두려운 것이다. 하기 싫다면 고민할 필요도 없다.

선택할 때 주변의 영향을 쉽게 받는 사람이 있다. 주체적으로 결정을 못 하고 주변에 휘둘리는 것이다. 가장 가까운 사람의 어설픈 훈수에 마음이 동요되어 투자는 물거품이 되고, 일상으로 돌아가서 안도의 한숨을 쉬게 된다. 실제 가까운 사람이 전문가도 아닌데 말이다. '잘되면 내 탓이요. 안되면 네 탓이다'라는 말이 있다. 주변의 말은 의견이지, 결정사항은 아니다. 그런데도 결과를 놓고 항상 '탓'만 하게 된다.

부자들은 본인이 판단한다. 제대로 된 조력자가 투자 수익률에 대해 명확히 설명하고 예측 가능한 사례들을 들어 투자를 권유하면 판단은 본인이 하는 것이다. 주변에 물어서 할까, 말까를 고민하지 않는다. 선택하고 실행하면 뒤돌아보지 않는다. 부자라고 모든 투자 결과가 다 성공하는 것은 아니다. 그런데도 그들이 부자가 될 수 있는 이유는 '탓'을 하지 않기 때문이다. 실패하면 실패한 대로 리스크를 어떻게 더 줄일 것인지 고민하고, 해결방안을 세운다. 본인이 주체이기 때문이다.

부자가 되고 싶은가? 그렇다면 먼저 자신의 인생에서 주체가 되어라. 내 인생은 내가 만들어가는 것이다.

부자가 되는 법칙

적금과 예금, 그리고 더 나아가 펀드에 투자해놓고 가만히 두면 돈이 불어나겠거니 생각한다면 오산이다. 아무런 계획도 없이 돈을 넣어놓고 스스로 움직이지 않으면 인플레이션으로 인해 자신도 모르는 사이 소중한 자본이 하락된다.

부자들은 항상 움직인다. 어떻게 돈을 굴려야 할지 항상 움직이고 생각하는 것이 습관화되어 있다. 돈이란 행동으로 옮겨야 불어나는 것이다.

의식의 전환 또한 중요하다. 재테크 정보를 찾고 결심하고 고민하지만, 실천에 옮기는 시점을 알지 못해 타이밍을 놓치는 경우가 많다. 주위의 의견에 휩쓸리고 언론의 한마디에 생각이 지배당한다. 내가 가진 지식과 정보가 불안해 다수의 법칙에 따라가야 마음이 안심되는 사람들은 의식을 전환하지 못하면 평생 그 자리를 벗어나지 못한다.

자본주의는 정글사회다. 치열한 경쟁 무대에서 살아남는 자만이 부를 움켜쥔다. 즉, 자본주의 시스템의 핵심인 희소가치는 가진 자만이 지배할 수 있다. 시간이 갈수록 희소성을 독점하는 상위계층은 줄어들고 승자 독식을 통한 '그들만의 리그'는 한층 공고해진다.

이탈리아 경제학자의 이름을 딴 '파레토의 법칙'은 '상위 20%가 하위 80%를 지배한다'라는 이론이다. 20%의 부자가 전체 부의 80%를 차지하고, 돈 많은 20% 고객의 구매가 백화점 전체 매출의 80%를 차지하고, 기업에서도 핵심 제품 20%가 나머지 80%를 먹여 살린다는 법칙이다.

지배하느냐, 지배당하느냐. 누구나 지배를 하고 싶지만, 현실은 지배당하는 사람이 대다수다. 하지만 좌절하지 말라. 기회는 있다. 부자 대열에 들어갈 수 있는 방법이 이 책에 있다.

세발자전거 전략

요즘 건강을 위해 자전거를 타시는 분들이 많이 늘어났다. 산책용 자전거부터 산악용 자전거, 사이클까지 종류도 여러 가지다. 여러 자전거 중 넘어지지 않는 자전거가 있다. 그것은 바로 1개의 앞바퀴와 2개의 뒷바퀴로 구성된 세발자전거다. 아이가 세발자전거를 타고 있는 모습을 바라보는 부모는 불안할까? 아이가 넘어져 다치기라도 할까 걱정될까? 그렇지 않을 것이다. 넘어지지 않고 가장 안정적으로 앞으로 나갈 수 있는 자전거임을 잘 알고 있기 때문이다.

반면 바퀴가 하나인 외발자전거는 어떠한가? 서커스에서나 본 듯한 이 외발자전거는 어른이 타기도 무섭다. 하물며 여기에 사랑스러운 아이를 태울 수 있겠는가? 이렇듯 우리는 외발자전거와 세발자전거의 차이를 잘 알고 있다. 그런데 우리 인생은 어떠한가?

외발자전거 인생

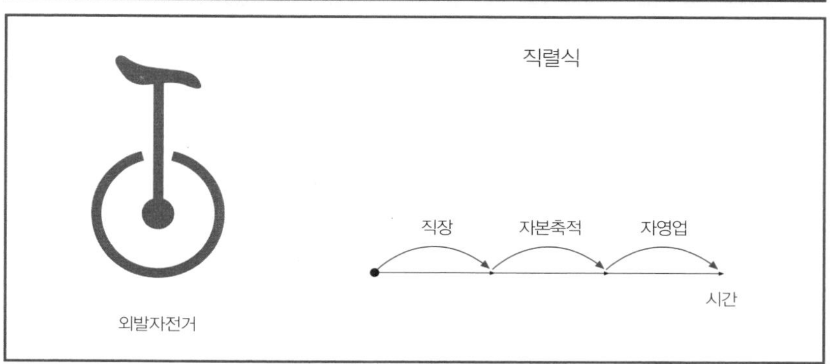

많은 사람이 바퀴 하나의 수입에 의존하는 위태로운 외발자전거 인생을 살고 있다. 직장을 다니며 그 수입의 일부로 자본을 조금씩 축적하는 동안 시간은 흘러간다. 자영업도 마찬가지다. 지금 다니는 직장을 천년만년 다닐 것 같은가? 인생은 100세 시대다. 이 100세가 거창하게 들린다면 평균수명인 80세까지 산다고 치자. 일반적으로 정년퇴직 연령대는 55세 전후부터 60세까지다. 운 좋게 정년까지 직장을 잘 다녔다고 치자. 그다음은 어떻게 할 것인가? 앞으로 25년 이상을 뭘 하면서 살 것인가?

정년까지 잘 다녔다면 그나마 나은 경우다. 실직하거나 운영하던 사업이 힘들어지면 이후는 어떻게 할 것인가? 아이들이 커가며 한창 돈 들어갈 곳 많은 시기에 수입원이 끊기면 가족들의 삶은 어떻게 영위할 것인가? 그렇기에 1가지 수입에 의존하는 외발자전거는 위험하다.

세발자전거 전략

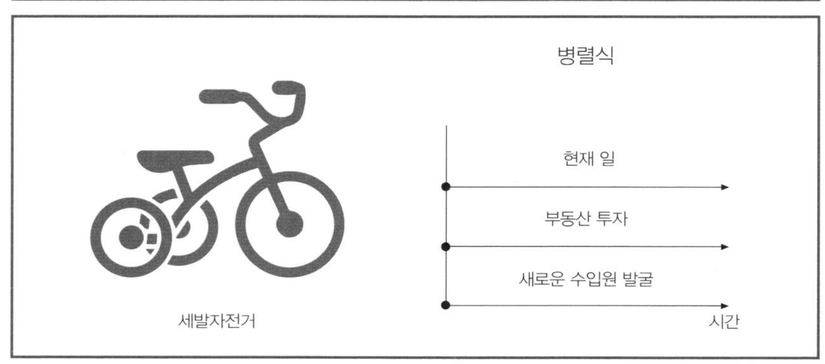

충실하고, 부동산 투자도 열심히 하며 새로운 수입원도 발굴해 어느 한 곳의 수입이 중단되어도 삶을 영위하는 데 지장이 없도록 말이다. 사람들은 외발자전거 인생을 불안해하면서도 딱히 개선할 방안을 찾지 못한다.

나는 개인의 강점인 재능·지식·스킬에 집중하는 메인 잡을 지속하면서 갭 투자를 통한 부동산 임대사업을 통해 부를 축적하고, 이에 파생되는 미래 수입원으로 세발자전거가 가능하다고 확신한다. 부동산 임대업이라고 하니 말이 거창하게 들리는가? 부동산 임대업은 시간이 많이 들지도 않고, 어려운 공부를 다시 해야 할 필요나 많은 돈이 있어야 하는 것도 아니다. 누구나 할 수 있다. 집 1채를 실현하는 것부터 임대업의 시작이다. 지금 수십 채를 보유한 사람들도 시작은 집 1채부터였다.

3가지 이상의 수입원 구축

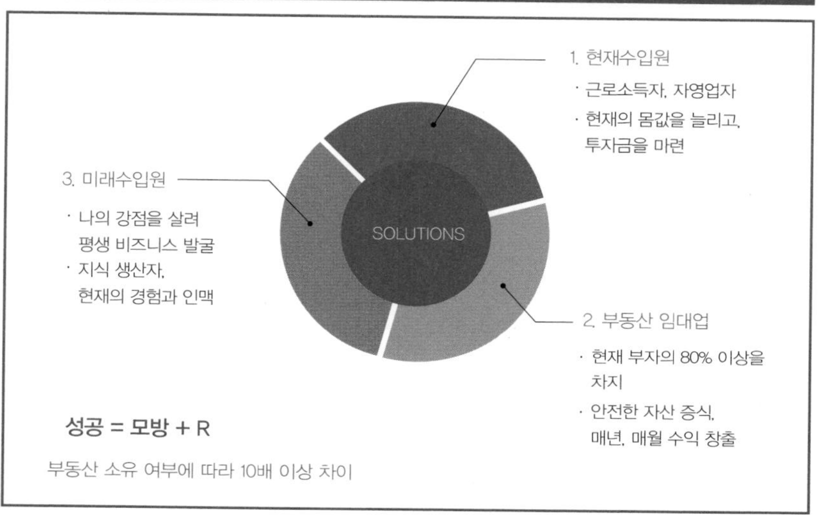

1. 현재수입원
· 근로소득자, 자영업자
· 현재의 몸값을 늘리고, 투자금을 마련
3. 미래수입원
· 나의 강점을 살려 평생 비즈니스 발굴
· 지식 생산자, 현재의 경험과 인맥
SOLUTIONS
2. 부동산 임대업
· 현재 부자의 80% 이상을 차지
· 안전한 자산 증식, 매년, 매월 수익 창출
성공 = 모방 + R
부동산 소유 여부에 따라 10배 이상 차이

부동산 6계급이란?

부동산에 6계급이 있다는 말을 들어본 적 있는가?

부동산 6계급

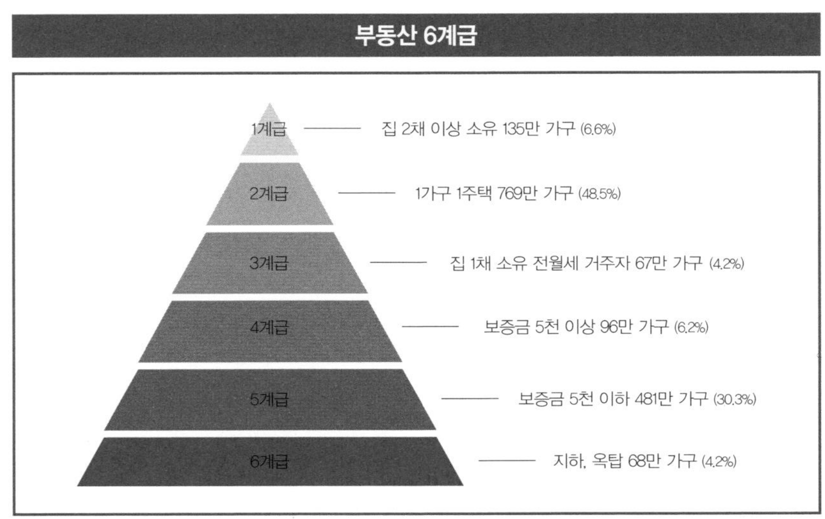

출처 : 손낙구 저, 《부동산 계급사회》, 후마니타스, 2008

이것은 부동산을 소유하고 있는 상태에 따라 계급을 나눈 것으로, 주거 목적과 집값 변동에 대한 계급별 태도와 이해관계가 크게 어긋난다.

집을 2채 이상 소유하고 있는 1계급은 135만 가구로, 재산 증식 목적으로 소유한 집값 상승이 희망이다. 집값이 상승해서 발생하는 불로소득을 얻을 수 있을 뿐 아니라, 집을 여러 채 가진 경우 임대소득을 더 늘릴 수 있다. 전체 가구의 6.6%를 차지한다.

2계급은 1가구 1주택을 소유하고 있는 계급으로, 48.5%를 차지한다. 주택을 소유하고 그 집에서 산다는 점에서 대부분 주거생활 면에서 어려움은 없는 집단이라 할 수 있다. 집을 소유했다는 그 자체만으로도 2년에 한 번씩 이사하지 않아도 되고, 전월셋값을 올려줘야 하는 부담도 없기 때문이다. 이들이 소유한 주택의 가격은 다양하며 지역별, 주택 유형별, 주택 규모별 집값 변동에 차이도 크다. 이 같은 차이 때문에 같은 1가구 1주택자라도 많이 오른 집을 가진 사람과 전혀 오르지 않은 집을 소유한 사람의 이해관계에 차이가 있다.

3계급은 1주택을 소유하고 있지만, 현실적으로 전월세에 살고 있기 때문에 주거생활이 여전히 불안하다. 또 위치가 이중적인 만큼 집값 변동에 대한 이해관계도 단순하지 않지만, 장기적으로 집값 안정에 호의적인 이해관계를 형성하고 있다. 4.2%를 차지한다.

4~6계급은 40%가 넘는 비중을 차지하며, 주거생활이 매우 불안한 처지에 놓여 있다. 우선 집값은 소득보다 훨씬 빠른 속도로 상승함으로써 정상적인 생활인이 내 집을 장만하기가 힘들어 부동산 계급 내 상향 이동은 매우 어렵게 구조화되어 있다.

이 같은 상황에서 4~6계급은 내 집 마련의 꿈이 사실상 무산된 채,

2년에 한 번씩 전월세가격을 올려주거나 이사를 해야 하는 극심한 주거 불안에 시달리고 있다.

이처럼 부동산 계급별로 재산 증식을 목적으로 집을 소유한 계급이 있는가 하면, 실거주용 주택 자체를 소유하지 못한 계급도 있다. 또한, 집값이 오를수록 이득을 보는 계급이 있는가 하면, 집값이 내려가야 살길이 열리는 계급이 있는 등 이해관계가 크게 엇갈린다.

의식을 혁명하라

데이비드 호킨스(David Hawkins)는 《의식혁명》에서 다음과 같이 에너지를 구분한다.

	Lux	의식 수준	감정	행동
POWER 긍정적 의식 에너지	700~1000	깨달음	언어 이전	순수 의식
	600	평화	하나	인류공헌
	540	기쁨	감사	축복
	500	사랑	존경	공존
	400	이성	이해	통찰력
	350	포용	책임감	용서
	310	자발성	낙관	친절
	250	중립	신뢰	유연함
분기점	**200**	**용기**	**긍정**	**힘을 주는**
FORCE 부정적 의식 에너지	175	자존심	경멸	과장
	150	분노	미움	공격
	125	욕망	갈망	집착
	100	두려움	근심	회피
	75	슬픔	후회	낙담
	50	무기력	절망	포기
	30	죄의식	비난	학대
	20	수치심	굴욕	잔인함

출처 : 데이비드 호킨스, 《의식 혁명》, 판미동, 2011

앞의 표에서 보듯이 200(용기, 긍정)을 기준으로 긍정적 의식 에너지(Healing, 힐링)와 부정적 의식 에너지(killing, 킬링)가 나뉘고 있다. 나의 의식 수준과 감정, 행동은 어떠한지 살펴보자. 아파트 갭 투자를 통해 상위 1%에 진입하기 위해서는 의식과 에너지 레벨이 200 이상이 되어야 한다.

"두려움은 당신을 가둬두고 희망은 당신을 자유롭게 한다."

영화 〈쇼 생크 탈출〉에 나온 말이다. 두려움은 자연스러운 것이다. 두려움은 대부분 불안감에서 나온다. 확신할 수 없는 섣부른 의심은 목표로 향하는 길을 가로막는 장애물이다. 세상은 나 혼자가 아니다. 자신이 감당한 삶의 무게를 혼자 떠안고 고민의 늪에 빠져 허우적대지 말고 주위를 한번 둘러보자. 당신이 그 어떠한 두려움과 마주하더라도 누군가는 당신과 같은 경험을 하고 이미 극복했을 것이다. 이 사실을 받아들인다면 마음이 한결 편안해지는 것을 느낄 수 있다. 그들이 해냈다면 당신도 할 수 있다. 두려움이라는 감정을 컨트롤해서 멋진 인격체로 거듭날 것이냐, 두려움 속에서 허우적대며 자신이 파놓은 암흑의 동굴에 갇혀서 스스로를 후퇴와 실패의 궁지로 내몰 것이냐는 당신의 선택에 달려 있다.

되는 사람은 되는 이유를 찾고, 안되는 사람은 안되는 이유만 찾는다고 했다. 같은 주제를 놓고도 되는 이유를 찾아 실천에 옮기는 사람이 있는가 하면, 마음의 문을 꽁꽁 닫은 채 안되는 이유만 찾는 사람이 있다. 90%의 성공 가능성이 있는 사업에 투자하는 당신이라면 어떻게 하겠는가? 90%의 되는 이유로 투자하겠는가, 10%의 안되는 이유로 주저앉겠는가?

소형아파트 갭 투자도 투자다. 나는 여러 분석을 통해 이것이 상위 1% 슈퍼리치로 가는 확실한 대안이라고 자부한다. 인플레이션에 의한 물가 상승률을 감안하면 은행 저축조차 손해를 보는 현실 아닌가.

《이솝 우화》의 '여우와 신 포도' 이야기는 유명하기에 모르는 분이 없을 것이다. 배고픈 여우가 포도송이를 찾아냈으나, 너무 높아서 따 먹을 수가 없었다. 여우는 그 자리를 떠나면서 "저 포도는 아직 익지 않아서"라고 중얼거린다. 이것은 좀 해보다 안되면 변명하면서 목표를 쉽게 포기하는 사회를 꼬집은 이야기로, 어떤 어려운 일이 있더라도 변명하지 말고 끈질긴 노력을 통해 목표를 달성해야 한다는 교훈을 담고 있다.

갭 투자도 마찬가지다. 나는 이 갭 투자가 좋다고 감정에 치우쳐서 말하는 것이 아니다. 내 돈이 들어가는 투자를 감이나 느낌으로 할 수는 없지 않은가! 철저히 분석하고 연구하고 얻어낸 결과, 이 투자법의 수익성에 확신이 든 것이다. 그것을 해보지도, 자세히 알려고도 하지 않고 부동산에 거품이 꺼진다는 둥, 전세가격이 하락할 거라는 둥 부정적 의식 속에 색안경을 끼고 세상을 바라보는 사람들이 있다. 먹어보지도 않고 포도가 시다고 섣부른 판단을 하는 것이다. 부정적 의식 에너지가 많으면 자존감이 낮고 의욕도 저하되며 무기력, 폭력, 미움이 커지므로 자신뿐만 아니라 가족, 사회에도 좋지 않은 영향을 끼친다.

평소 긍정적 의식 에너지를 지닌 사람은 확신이 서면 바로 실행에 옮긴다. 부정적 의식 에너지를 지닌 사람은 막연한 두려움에 떨다 시기를 놓쳐 뒤늦은 후회로 소주잔을 기울인다. 자신도 모르는 사이에 부정적 의식 에너지가 몸과 마음을 지배하지 않도록 수시로 의식을 체크해 긍정적 의식 에너지로 거듭나도록 하자. 긍정적인 생각이 긍정적인 결과를 가져다준다. 자신을 믿어라. 마음이 열리면 돈은 저절로 들어온다.

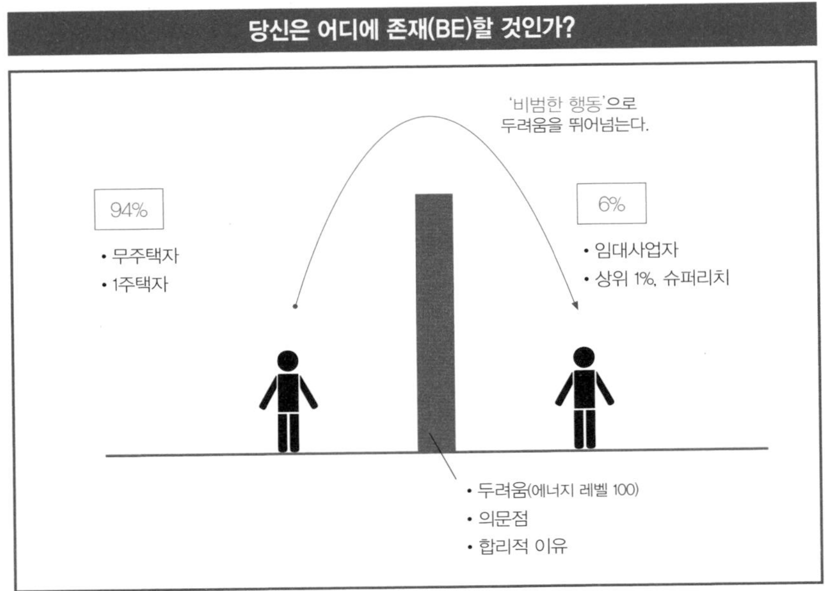

도미노의 성장 효과

1983년 과학자 론 화이트헤드(Lorne A. Whitehead)는 미국 물리학 저널을 통해 하나의 도미노 블록은 자신보다 약 1.5배 큰 도미노를 쓰러뜨릴 수 있다는 연구 결과를 발표했다. 5㎝의 작은 도미노 블록 하나로 시작한다면 8번째 블록은 90㎝다.

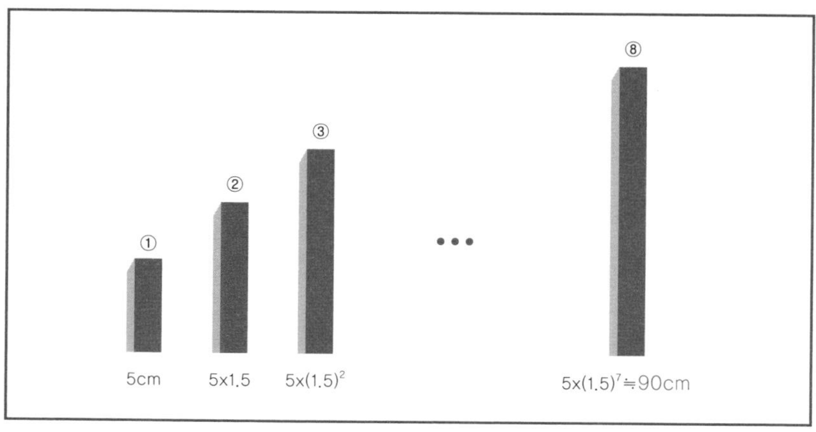

놀랍지 않은가! 5㎝에 불과했던 첫 번째 도미노가 열여덟 번째는 피사의 사탑 높이가 되고, 서른한 번째는 에베레스트 산보다도 약 800m가 더 높고, 쉰일곱 번째는 달까지의 높이다. 시작은 미약했으나 끝은 창대한 효과가 도미노 성장 효과다. 앞으로 성공을 생각할 때는 항상 달을 목표로 삼아라. 목표는 크고 원대한 것으로 삼으라는 의미다. 우선순위를 정하고 첫 번째 도미노 조각을 찾은 후, 그것이 넘어질 때까지 힘껏 밀어라. 도미노를 넘어뜨리는 데 집중하라. 훌륭한 성공은 동시다발적으로 일어나는 것이 아니라 도미노처럼 차례대로 일어난다.

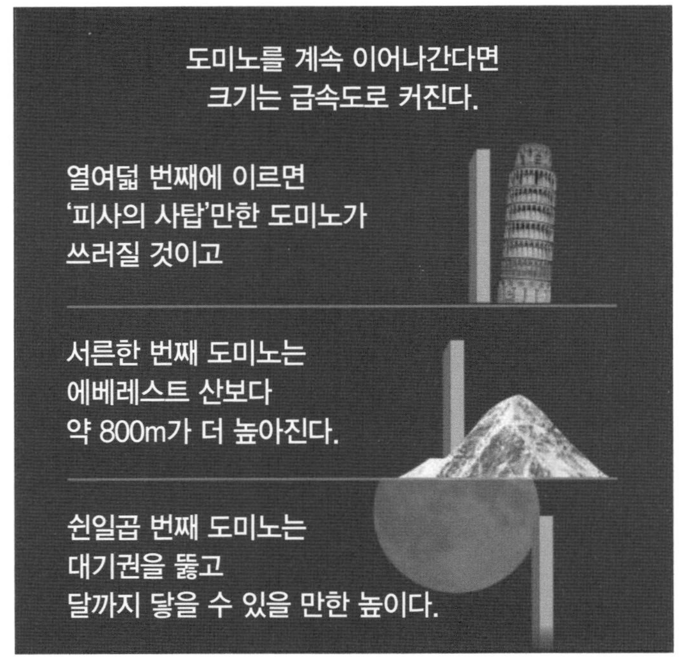

자유를 원하는가? 하지만 경제적 자유가 없으면 시간적 자유가 불가능하고, 이는 곧 모든 자유가 불가능하다는 이야기가 된다. 경제적 자유를 얻기 위한 나의 첫 블록은 무엇인가? 아파트 1채? 아파트 3채? 사람마다 각자 첫 블록은 다를 것이다.

성공한 사업가들의 성공 뒤에는 이 도미노 전략이 숨어 있다. 도미노 전략에서 가장 유의해야 할 것은 순서다. 처음부터 너무 큰 목표를 세우거나 갑자기 사업 규모를 늘리려 하면 안 된다. 너무 큰 블록을 첫 자리에 놓게 되면 그것은 절대 쓰러지지 않는다.

먼저, 쉽게 쓰러뜨릴 수 있는 계획부터 시작하라. 그리고 블록이 쓰러뜨릴 수 있는 다른 계획을 차례로 배치하라.

우리나라 부동산의 특수성을 이해하라

통계청의 〈2020 인구주택 총조사〉에 따르면, 공식집계된 우리나라 총인구는 5,167만 명으로 5,000만 명을 넘어섰다. 또 수도권에 전체 인구의 49.5%가 몰려 수도권 집중화가 심화된 것으로 나타났다. 수도권 인구는 2,527만 명으로 2010년 49.2%에 비해 0.3% 증가했다. 정치, 경제, 문화, 교육, 의료 등 모든 것이 서울에 집중된 서울 공화국이다. 이런 문제점을 개선하고자 과거 노무현 정부에서 공공기관 지방 이전을 촉구했으나, 실제 해당 부처의 공무원만 거처를 옮기고 가족은 수도권에 그대로 남는 경우가 많았다. 그렇기에 전 지역이 골고루 발전하는 대한민국이라 생각하지 않고, 수도권이라는 섬(도시국가)만 발전하는 구조라고 이해하면 쉽다. 수도권 인구변화를 보면 2000년 21,354,000명, 2005년 22,767,000명, 2010년 24,439,000명, 2015년 25,274,000명으로 갈수록 수도권 인구는 심화되는 양상이다.

우리나라 부동산(수도권)의 특수성 이해

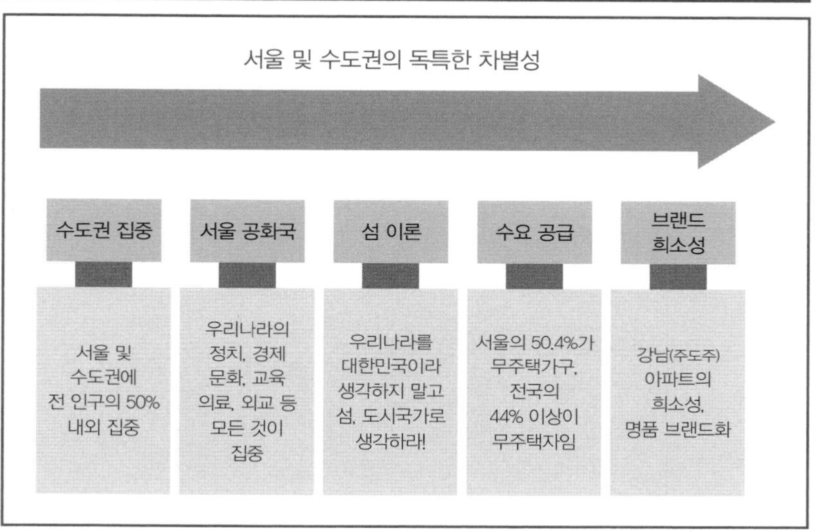

서울 및 수도권의 독특한 차별성
수도권 집중
서울 공화국
섬 이론
수요 공급
브랜드 희소성
서울 및 수도권에 전 인구의 50% 내외 집중
우리나라의 정치, 경제 문화, 교육 의료, 외교 등 모든 것이 집중
우리나라를 대한민국이라 생각하지 말고 섬, 도시국가로 생각하라!
서울의 50.4%가 무주택가구, 전국의 44% 이상이 무주택자임
강남(주도주) 아파트의 희소성, 명품 브랜드화

〈주택소유통계〉를 보면, 전체 가구의 40.7%가 무주택자인 것으로 나타났다. 지역별로는 서울시 가구의 50.4%가 무주택 가구로 전국에서 가장 높다. 가구원수별로는 1인 가구 27.2%, 2인 가구 26.1%, 3인 가구 21.5%, 4인 가구 18.8%순으로 2인 이하 가구가 53.3%를 차지한다. 이렇듯 무주택자 비율이 높고 2인 이하 가구 비중이 1/2을 넘는 사회구조는 소형아파트 갭 투자가 성공할 수밖에 없다는 것을 보여주고 있다. 아파트 상승을 주도하는 강남의 아파트는 교육·의료·교통 등 모든 제반시설이 완벽한 입지의 희소성과 과거 20~30년 전에 건축된 아파트가 많은 관계로 브랜드 희소성이 어우러져 재건축 진행 시 명품 브랜드화로 더욱 가격 상승을 부추길 전망이다.

주택임대사업이란?

주택임대사업은 경제적 자유를 원하는 모든 사람의 꿈을 실현할 수 있는 사업이며, 항상 수요가 많고 안전성·환금성·수익성이 크다. 소자본으로 무한대의 수익성이 보장되는 가장 안전한 투자다. 주택임대 방식은 매입한 주택을 전세·월세 등의 형태로 임대하며, 갭 투자는 매매가격과 전세가격의 차이인 갭을 투자하는 방식으로 전세로만 임대한다. 갭의 차익으로 보유 주택수를 늘려가며, 이 주택을 모두 전세임대를 놓는 사업인 것이다.

임대사업자 등록은 민간임대주택에 관한 특별법상의 임의규정으로, 의무는 아니며 본인이 등록 여부를 선택할 수 있다. 등록할 경우 4년 이상 의무임대(단기임대주택), 8년 이상 의무임대(준공공임대주택) 기간을 준수해야 하고, 이에 재산세 일부 감면, 종부세 대상 제외 등 세제 혜택을 받는 부분이 있으므로 실익을 따져서 판단하면 된다. 등록하지 않는 경우

의무임대 기간이 없으므로 본인이 자유롭게 임대·매매할 수 있다.

현재 3주택 이상 보유자는 간주임대료를 계산해서 과세하도록 되어 있으므로 2주택을 소유한 보유자는 간주임대료를 계산할 필요가 없으며, 소형주택(60㎡ 이하 & 기준시가 3억 원 이하)은 주택수에서 제외되니 전세보증금에 대한 간주임대료가 발생하지 않는다. 소형주택 초과로 간주임대료가 발생하는 경우에도 2,000만 원 이하는 비과세 되니 걱정하지 않아도 된다.

전세보증금 간주임대료 = (전세보증금 합계액 – 3억 원) × 60% × 1.8%

갭 투자는 2년 후 인상된 전세금으로 재투자하는 방식이다. 복리 규모로 주택수가 늘어나며 임대사업의 규모가 커진다. 재테크를 넘어 사업으로 가는 것이다. 본업에 집중하면서 임대사업을 병행하면 된다. 큰 돈이 필요한 것도 아니다. 인상된 전세금이 저절로 사업 규모를 늘려줄 것이다.

주택임대사업의 미션과 비전

미션(Mission)과 비전(Vision)의 차이를 아는가? 미션은 어떠한 일의 목표나 목적을 말하고, 비전은 내다보이는 장래의 상황을 뜻한다. 예를 들어 어부를 살펴보자. 어부의 미션은 영양이 풍부한 수산물을 싼값에 소비자에게 전달함으로써 인류의 건강에 이바지하는 것이며, 비전은 획기적인 양식법과 유전자 기술을 동원해 어민들도 도시 직장인 못지않은 풍요를 누릴 수 있게 하는 것이다(통조림 공장, 양식 시스템 구축).

나는 주택임대사업을 통해 정신적·물질적으로 행복한 부자 가정을 만들어 가난을 끊고 주거문화 향상에 기여한다는 미션과 주택, 상가(빌딩)임대사업 시스템을 구축한다는 비전을 갖고 있다. 나 혼자가 아닌 우리가 모두 잘 먹고 잘살자는 뜻이다. 그래서 사람들에게 1차 목표로 소형아파트 10~12채, 2차 목표로 상가(빌딩) 2채를 삼으라고 말한다(그 안에 단계별 목표가 있다). 거창해 보이는가? 불가능해 보이는가? 실제 단기간에 이 목표를 이룬 회원들이 많이 있다. 부러워만 할 것인가? 나는 못 할 것 같은가? 그렇다면 당장 자신의 에너지 레벨을 높이자. 누군가 했다면 나도 할 수 있다.

부동산 투자 단계별 목표

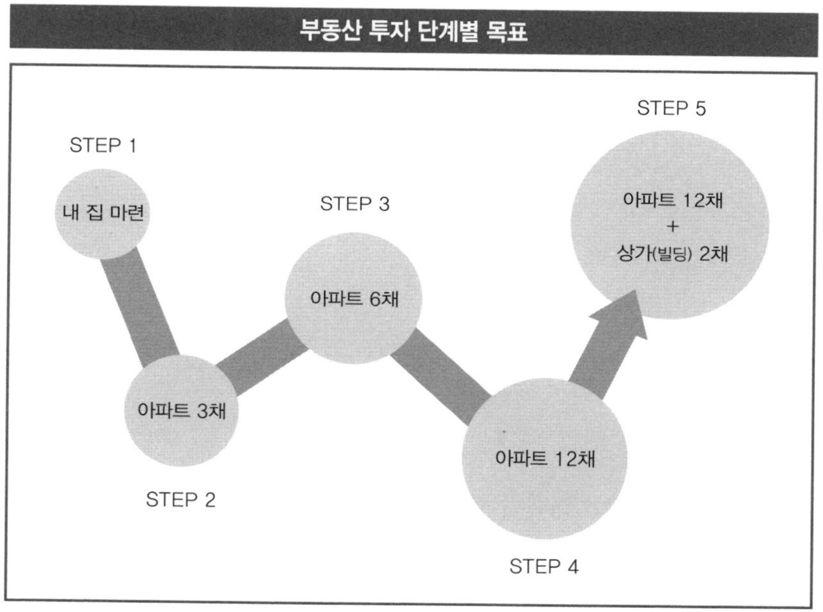

내 안의 욕구를 발산하자

모두가 부자가 되길 희망한다. 그러나 부자가 되는 사람은 극히 일부다. 열심히 직장 생활을 하며 바쁘게 살아감에도 삶이 나아지질 않는다. 고3 시절에는 원하는 대학에 진학하면 세상을 얻을 것 같다. 그런데 막상 대학에 진학하니 취업난에 졸업하기가 두려워진다. 취직만 하면 이 모든 걱정이 사라질 것 같다. 어렵사리 취직하고 결혼 시기가 다가와 내 집 마련을 하려니 어디 그게 쉬운 현실인가? 간신히 결혼했는데 아이가 태어나 가족 수가 늘고 들어오는 수입은 한정적인데 지출할 곳은 많아진다. 갈수록 태산이다. 가족의 생계를 책임지고 있는 상황에 직장을 그만두기도 쉽지 않다. 내 적성, 내 꿈을 찾아가기에 세상은 녹록지 않은 것이다.

누구나 부자가 되고 싶고, 고급 차를 타고 싶고, 골프 치면서 친목도 다지고 싶고, 해외여행도 자주 가고 싶다. 직장 하나에 생계를 옭아매지 않고 자유롭게 살고 싶다.

나는 빠른 시간 내에 이 모든 희망이 이루어지는 방법을 알아냈다. 정확히 말하면 확신이 들었다. 전세를 끼고 매매를 하는 방법은 수십 년 전부터 존재했다. 이 투자법이 요즘에 갭 투자라는 이름으로 명칭된 것일 뿐, 어느 누가 하루아침에 발견한 신대륙이 아니다.

건축 전문가 입장에서 치열히 공부하고 냉정히 분석해본 결과, 이렇게 큰 수익을 내는 투자 방식은 어디에도 없다는 확신에 실행으로 옮긴 것이다.

목적이 분명한 삶을 살아야 한다. 귀가 얇으면 이리저리 기웃거리다 평생 기회를 놓치고 만다. 무엇을 해야 할지, 하지 말아야 할지를 명확하게 알면 열정이 생긴다. 열정은 난관을 돌파하고 성공하는 힘이며, 목적이 이끄는 삶으로 변화시킨다. 비행기가 정해진 노선(목표)에 맞게 항로를 비행해야 안전하게 도착하는 것이지, 목적지도 없이 기장 마음대로 비행하고, 쉬고 싶은 대로 아무 공항에나 착륙한다면 어느 누가 그 비행기에 탑승하겠는가?

"목표를 정해라. 그리고 움직여라."

부자가 되는 첫발은 아주 간단하다. 앞의 도미노 효과를 다시 생각해보자. 첫발도 떼지 않고, 첫 도미노를 넘어뜨리지도 않고 부자들을 부러워만 한다면 당신은 평생 그 자리를 탈출하지 못한다.

유전(油田)을 발견했다고 바로 석유가 나오는가? 다이아몬드 광맥(鑛脈)을발견했다고 바로 다이아몬드가 내 것인가? 유전을 뚫고 광맥에서

캐내야 석유, 다이아몬드가 내 손에 들어오는 것이다. 발견했으면 실행에 옮겨야 부자가 된다. 갭 투자도 마찬가지다. 과감히 실행에 옮긴 우리 회원들을 보면 불과 몇 달 사이 수 채에서 수십 채의 아파트 소유주가 되어 있다. 아직도 부러워만 할 것인가?

'기회의 여신은 앞머리는 있고 뒷머리는 없다'라고 한다. 앞에서는 잡을 수 있지만 지나가면 잡을 수 없다. 머뭇거리는 자, 영영 기회를 잡을 수 없다. 내 안의 욕구를 발산해 반드시 성공의 기회를 쟁취하자.

미국의 한 슈퍼리치에게 물었다.

"당신처럼 큰 부자가 되기 위해서는 어떻게 하면 되나요?"

그 억만장자는 2가지를 하면 된다고 대답했다.

첫 번째는 "거룩한 야망을 가져라."
두 번째는 "이미 성공을 이룬 사람에게 그 노하우를 배워라."

내 안의 욕구, 즉 크고 위험하고 대담한 목표를 설정하고 내가 원하는 목표를 이미 이룬 성공자에게 겸손하게 배움을 청해서 무주택자와 1주택자의 평범한 삶에서 소형아파트 3~12채 이상 소유한 비범한 삶으로 변화하고 도전하라.

부자가 되는 길

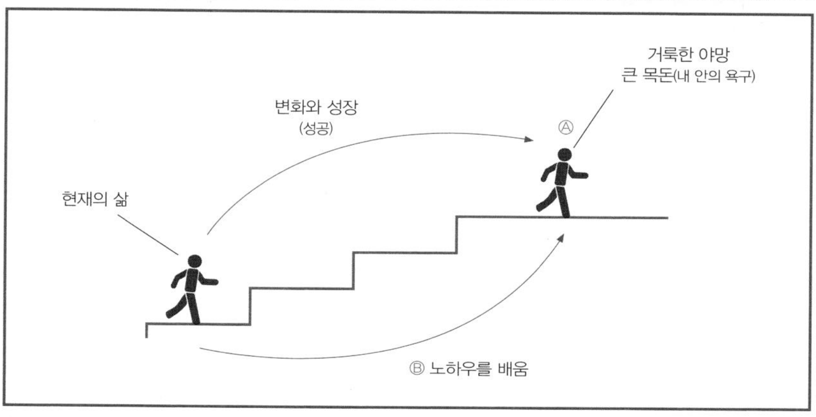

부동산 투자의 3대 핵심 키

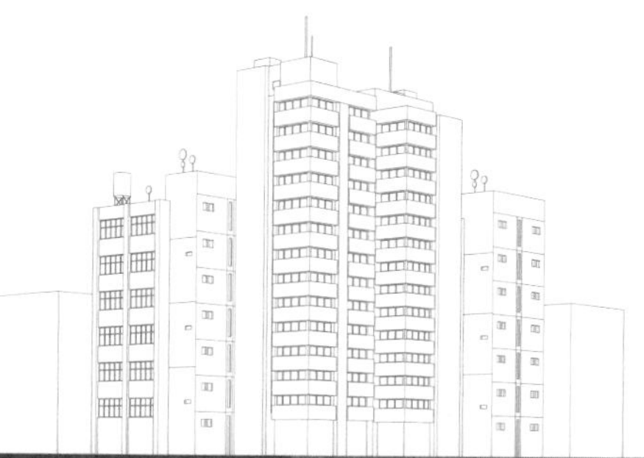

현금 흐름을 파악하라

전세제도

전세란 보증금을 맡기고 남의 집을 임차한 뒤 계약기간이 끝나면 보증금을 돌려받는 주택임대차 유형이다. 볼리비아나 페루 등의 남미 몇몇 국가를 제외하고는 찾아보기 힘든 제도로, 대다수 외국인은 남의 집에 얹혀살다가 나갈 때 돈을 다시 찾아가는 전세제도를 이해하지 못하는 경우가 많다. 우리나라에서 전세제도가 유지될 수 있었던 것은 과거 금리가 높은 상황이 한몫했다. 이자율이 20~30%대에 달하던 시절에는 월세를 받는 것보다 전세금을 은행에 예치해 이자를 받는 것이 훨씬 이득이었다.

예금금리가 1%인 현재, 전세제도는 세입자에게 유리하고, 반대로 집주인에게는 불리하다고 생각하는 사람들이 많아졌다. 월세 지출이 없고 전세금은 계약이 끝나면 고스란히 돌아오니 세입자로서는 손해 볼 것이 없다고 생각하고, 집주인으로서는 전세금을 은행에 넣어봤자 월세 수익에 비해 턱없이 부족하니 손해라고 생각하는 것이다.

콜럼버스의 달걀

콜럼버스(Columbus)가 신대륙을 발견하고 돌아와 파티장에서 술을 마시고 있을 때 옆 테이블에서 시비를 걸어왔다.

"재수 좋게 신대륙을 발견해서 인생 역전했네! 배 타고 가서 대륙을 발견하고 온 거 아무나 할 수 있는 일 아닌가? 그까짓 거 누가 못해?"

그때 콜럼버스가 그 테이블에 가서 달걀을 내밀며 한번 세워보라고 했다. 시비 걸던 자들이 세워보려고 했지만 아무리 해도 달걀은 세워지지 않았다. 그러자 콜럼버스는 보란 듯이 달걀의 끝을 탁 깨서 달걀을 세웠다. 그 시비 걸던 자들이 들고일어났다.

"에이~! 이렇게 하면 누가 못해? 이럴 거면 나도 했지!"

그때 콜럼버스가 말했다.

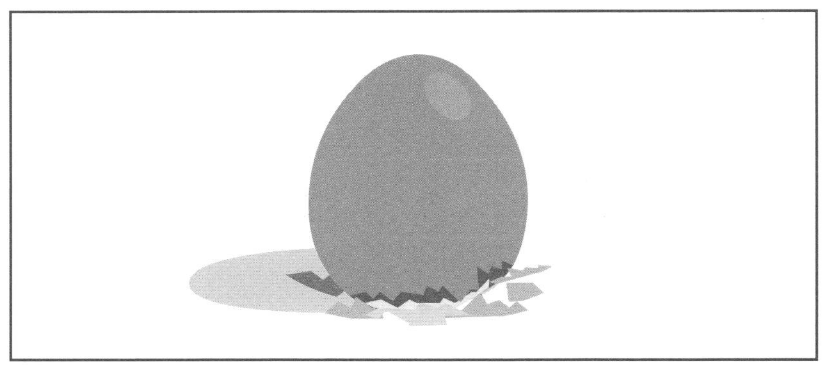

"지나고 보면 다 할 수 있는 일이지. 결론은 난 했고 당신들은 못했어."

이처럼 지나고 나면 누구나 알고 할 수 있을 만큼 쉬운 일이지만, 당시에는 시도할 엄두조차 내지 못한다.

계약기간 종료 후 전세금 반환의무에 임대인(집주인)은 전세금을 부채(빚)라고 인식하는 사람들이 있다. 예금금리도 낮고 어차피 돌려줘야 할 빚이라는 생각에 전세로 임대를 놓는 것보다 다달이 수익이 생기는 월세로 임대 놓기를 희망한다. 따라서 전세물건이 현저히 줄어드는 게 현실이다.

임차인(세입자)은 다달이 월세를 내는 것보다 보증금을 보전할 수 있는 전세를 희망한다. 자금이 부족하면 전세자금대출을 활용해 월세에 비해 적은 대출이자를 내며 전세를 산다. 전세물건이 없다 보니 전세가격은 상승하고, 그마저도 물건이 없어서 반전세라도 구하고 있다. 이렇듯 임대차 시장은 전세를 월세로 전환하는 비중이 늘고 있다. 이 추세라면 우리나라도 외국처럼 전세제도가 존재하지 않게 될 것이라는 전망도 있다.

당신이 임대인이라면 어떻게 하겠는가? 전세금이 반환해야 할 부채로 느껴지는가? 저금리에 전세보다 월세를 선호하겠는가? 갭 투자는 보유만 해도 전세금 상승으로 초기 투자금을 회수한다. 매매가 2억 원, 전세가 1억 8,000만 원 아파트의 초기 투자금이 2,500만 원(부대비용 포함)이 드는데, 2년 후 전세금 인상이 이 초기 투자금보다 더 높아 보유만 하고 있어도 투자금 전액이 회수된다. 내 돈 한 푼 없이 아파트를 장만한 효과가 나타나는 것이다. 이 인상된 전세금으로 또 다른 아파트의 갭 투자를 한다. 2년 후에 인상된 전세금으로 또 갭 투자를 한다. 이런 식으로 규모를 늘려가면 된다.

남들이 전세보다 월세수익이 높다는 고정관념에 갇혀 생각의 전환이 어려울 때 우리는 이러한 전세제도의 현금흐름을 파악해 갭 투자를 실행하면 된다. 콜럼버스가 달걀을 깨뜨려 세운 것처럼 말이다.

레버리지 효과를 누려라

레버리지란 타인이나 금융기관으로부터 차입한 자본을 가지고 투자해 이익을 발생시키는 것으로, 빌린 돈을 지렛대(lever) 삼아 이익을 창출한다는 의미에서 '지렛대 효과'라고도 부른다. 예를 들어, 1억 원의 자기자본으로 1,000만 원의 순익을 올렸다고 할 때 자기자본 이익률은 10%가 되지만, 자기자본 2,000만 원에 타인자본 8,000만 원을 도입해 1,000만 원의 순익을 올리게 되면 자기자본 이익률은 50%가 된다. 그러므로 차입금의 금리 비용보다 높은 수익률이 기대될 때는 타인자본을 적극적으로 활용해서 투자하는 것이 유리하다.

담보대출과 신용대출

레버리지를 활용하는 대표적인 방법이 대출인데, 이는 담보대출과 신용대출로 나눌 수 있다.

담보대출은 부동산이나 경제적 가치가 있는 자산을 잡고 대출을 실행하는 것으로, 신용대출보다 장기간이고 금액이 크며 대출금리가 낮은 것이 일반적이다.

신용대출은 금융회사가 고객의 신용도를 판단한 후 해주는 대출로 고객의 경제적 처지, 직업, 거래사항, 가족사항 등을 고려해 대출금액과 금리를 결정한다. 일반적으로 대출약정기간은 1년이며, 1년마다 직업·신용상태에 따라 연장하는 형식을 취한다. 일반적으로 담보대출보다 금리가 높다.

담보물이 있다면 이를 담보로 최대한 대출을 활용해서 투자하면 레버리지 효과로 수익률 극대화를 추구할 수 있고, 담보물이 없거나 기존 담보물의 대출한도가 이미 꽉 찼다면 신용대출을 이용해 대출을 더 받을 수 있다. 이처럼 감당할 만한 담보대출과 신용대출을 적절히 활용하는 것은 부자로 가는 지름길이다.

전세제도를 이용하라

금융권 대출을 활용해 아파트를 매수할 때는 LTV(Loan To Value ratio, 주택 담보대출비율), DTI(Debt To Income ratio, 총부채상환비율)가 적용된다.

1금융권일 경우 LTV가 70%니 매매가격의 70%까지 대출이 이루어진다. 이는 MCI(채권은행으로부터 일정 보험료를 납입받은 보증보험회사가 최우선변제금에 해당하는 금액을 보증하는 제도를 말한다. MCI 적용은 1인당 1회 가입이 원칙이며, 예외적으로 아파트인 경우 2회까지만 가능하다) 가입이 되는 경우에 한하며, 기존에 MCI 가입이 되어 있는 경우에는 추가 가입을 할 수 없으므로, 서울인 경우 70%에서 3,400만 원을 제외한 금액이 대출된다.

현재 1금융권의 DTI는 60%로, 연간 총소득에서 주택담보대출의 연간 원리금 상환액과 기타 부채의 연간 이자 상환액을 합한 금액이 60% 이하여야 한다는 뜻이다. 다시 말해 LTV처럼 주택 가격에 비례해 대출을 해주는 것이 아니라, 돈을 얼마나 잘 갚을 수 있는지를 따져 대출 한도를 정한다는 뜻으로, 주택구입 시 LTV, DTI를 모두 충족해야 한다.

따라서 수도권에 위치한 2억 원의 아파트를 매수 시 DTI를 충족하는 경우 1억 600만 원~1억 4,000만 원 대출이 실행된다. 수입이 적거나 없는 경우에는 대출금액이 현저히 줄어들거나 아예 대출이 실행되지 않는다. 그렇기에 주부, 은퇴한 직장인 등이 본인 이름으로 대출받아 집을 마련하기란 쉽지 않다. 그런데 대출을 받지 못하니 집을 살 수 없는 것일까? 그렇지 않다. 살 수 있는 길은 열려 있다.

전세제도를 적극적으로 활용하면 된다. 임차인의 전세금을 활용해 집을 구입하면 은행으로부터 대출받을 필요가 없다. 어렵게 LTV, DTI 계산을 하지 않아도 되고 나의 신용도가 낮다고, 수입이 없다고 걱정할 일도 없다. 전세제도가 있는 우리나라는 부동산 부자가 되기 쉬운 구조다.

전세제도를 이용해 집을 구입하는 방법은, 마음에 드는 매수물건을 계약한 후 계약금을 지불한다(보통 매수가액의 10%). 잔금기한을 넉넉히 잡고, 그사이에 부동산 중개사무소에서 전세 임차인을 알아보고 매매대금 잔금을 임차인의 전세금으로 대체하는 방식이다.

물건을 매입한 매수자는 아직 잔금을 지급하기 전으로, 소유자가 아니므로 임차인은 물건을 내놓았던 기존 매도인과 전세계약을 체결하고 계약금을 지급한다. 임차인이 인도와 주민등록을 마친 경우 제삼자에 대해 대항력이 발생하고, 주택임대차보호법상 임차주택의 양수인은 임대인의 지위를 승계한 것으로 보기에 매수인(양수인)이 전세 임차인을 승계하는 구조인 것이다. 전세 임차인은 잔금이 완료된 후 인도와 주민등록신고를 하는 것이 보통이지만, 갭 투자 시 임차인의 안전한 공시를 위해 전입신고를 먼저 하기도 한다.

적절하게 마이너스 통장을 이용하라

마이너스 통장이란, 신용대출의 한 형태로 거래하고 있는 은행의 통장을 이용해 일정한 금액을 수시로 빌려 쓸 수 있는 대출제도다. 약정금액 한도 내에서 돈의 액수에 상관없이 수시로 돈을 출금하고 입금할 수 있으며, 돈이 들어 있는 동안에는 이자가 발생하지 않고 돈을 사용했을 경우 사용금액의 해당 일수로 계산해, 한 달에 한 번씩 이자가 인출되는 제도다.

일반적인 대출(담보대출, 일반신용대출)은 약정한 대출금 전액을 빌리는 구조로, 이에 대한 이자와 대출금 중도상환 시 수수료가 발생하지만,

마이너스 대출은 약정금액을 쓰고 다시 통장에 넣었을 때 중도상환수수료가 발생하지 않는 것이 장점이다. 예를 들어 마이너스 통장 한도가 3,000만 원인데, 이 중 2,000만 원을 출금해 7일을 사용하고 다시 2,000만 원을 입금하면, 중도상환수수료는 발생하지 않고 2,000만 원에 대한 7일간의 이자만 발생한다. 500만 원을 2일 사용하고 다시 넣으면 마찬가지로 중도상환수수료는 없으며, 500만 원에 대한 2일 이자만 발생하는 것이다. 이렇게 약정한 한도 내에서 금액을 수시로 출금하고 입금을 반복할 수 있는 것이 마이너스 통장이다.

이 제도를 이용하려면 일단 은행과 약정을 맺어야 한다. 직장인이면 재직증명서, 근로소득원천징수영수증을 지참해 은행 대부계에 가서 마이너스 대출상담을 받으면 된다. 대출금리는 일반신용대출보다 0.5% 내외 높으며 은행, 개인의 신용도에 따라 차이가 있다.

규모를 늘려 복리 효과를 누려라

돈이 3,000만 원 있는 철수와 1억 원이 있는 명수가 있다.

철수는 3,000만 원의 돈으로 갭 투자를 통해 아파트 1채를 샀다

→ 총 1채

명수는 1억 원의 돈으로 갭 투자를 통해 아파트 3채를 샀다.

→ 총 3채

⋮

2년 후

철수는 오른 전세금으로 아파트 1채를 더 샀다. → 총 2채

명수는 오른 전세금으로 아파트 3채를 더 샀다. → 총 6채

⋮

4년 후

철수는 오른 전세금으로 아파트 2채를 더 샀다. → 총 4채

명수는 오른 전세금으로 아파트 6채를 더 샀다. → 총 12채

⋮

6년 후

철수는 오른 전세금으로 아파트 4채를 더 샀다. → 총 8채

명수는 오른 전세금으로 아파트 12채를 더 샀다. → 총 24채

이렇듯 초기에는 1채를 가진 철수와 3채를 가진 명수의 차이가 2채였는데, 6년이 흐른 후 철수와 명수는 16채의 아파트 보유 차이가 난다. 시간이 갈수록 이 차이는 더욱 벌어져 철수가 도저히 따라갈 수 없는 정도에 이른다. 여기에 직장에서 벌어들인 수입까지 더하면 갭 투자 병행 시 그 복리 효과는 더욱 커진다.

부동산 투자는 양극화다. 소득의 격차로 부자는 더욱더 부자가 되고, 가난한 자는 더욱더 가난해지는 게 현실이다. 투자는 하고 싶은데 돈이 없다고 하소연만 할 것인가? 그건 핑계다. 방법은 얼마든지 있는데 실행에 옮기지 않고 있을 뿐이다.

부동산의 3대 핵심 KEY

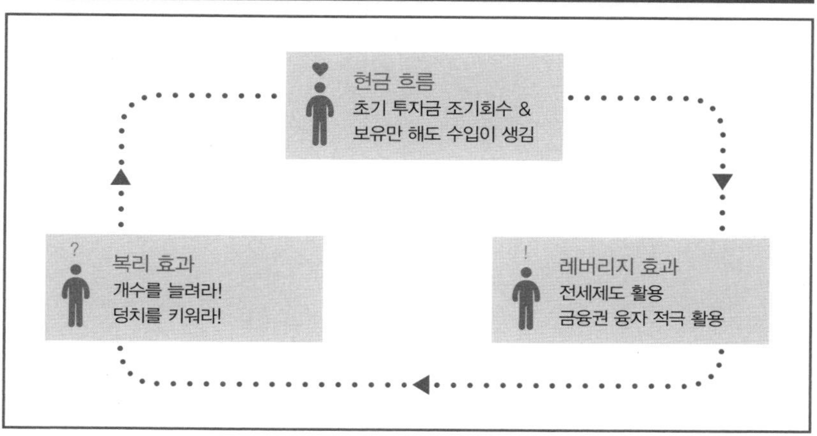

소형아파트, 재테크를 넘어 사업이다

부동산은 사업이다

부동산을 단순 재테크라고 생각하는가?

대한민국 부자들 가운데 80% 이상이 부동산으로 부자가 된 사람들이다. 큰 부자일수록 부동산 투자 비용이 크다. 부동산 투자를 단순히 내 집 마련의 수단으로만 생각하면 결코 부자가 될 수 없다. 부동산 투자는 재테크가 아니라 사업이다. 부동산 투자의 위험을 두려워하는 사람이 많을수록 과감히 부동산에 베팅하는 사람들이 부자가 될 확률이 더 높아진다.

부동산으로 돈을 버는 데 필요한 최소한의 3요소는 종잣돈·정보·타이밍이다. 이러한 요소를 적절하게 사용한 부자들의 부동산 재테크의 기본은 아파트였다. 1970년대부터 강남이 개발되면서 아파트는 재산 목록 1순위였다. 부자들은 때를 놓치지 않고 좋은 정보와 타이밍을 통해 아파트에서 부의 기반을 마련할 수가 있었다. 그런데 부자들의 특징 중 하나가 대부분 자기자산의 80% 이상을 부동산에 투자했다는 것이다. 그만큼 부자들은 부동산을 신뢰한다. 좋은 부동산은 폭락하지 않고, 깡통이 될 가능성이 작다. 즉, 목돈이 목돈을 불려주는 원리를 부동산에서 배웠기 때문이다.

누구나 부자가 되기를 원하면서도 부자 되는 지름길인 부동산에는 관심을 두고 있지 않다. 일반 사람들은 최근 몇 년간 부동산값이 폭등하기 시작하자 재테크로써 부동산에 관심을 가지기 시작했으나, 진정한 부동산 부자는 부동산과 삶을 같이 한다.

▌목표계획서를 만들자

단순 재테크를 넘어 사업적으로 성공하기 위해서는 계획서를 만드는 게 좋다. 계획서는 사업의 목적 및 전략, 표적 시장, 재무 예측을 기술한 문서다. 현실적인 목표를 세우고 자금을 확보해 성공을 측정하고, 운영요건을 규명해 합리적인 재무 예측을 수립하는 데 도움이 된다. 또한, 계획을 세우면 새로운 사업을 어떻게 운영할 것인지에 초점을 맞추고, 사업을 구상해 성공 가능성을 최대한 높일 수 있다. 자신의 단계별 목표를 설정하고 이를 언제까지 이뤄낼 것인지 구체적으로 적을수록 좋다.

목표를 이루기 위한 7단계

❶ 목표를 설정하라.

❷ 목표를 기록하라.

❸ 기한을 정하라.

❹ 리스트를 만들어라.

❺ 순서를 정하라.

❻ 계획을 실천에 옮겨라.

❼ 피드백하라.

목표는 단계마다 언제까지 달성할지 적어놓는다.

예를 들어 아파트 1채, 2채, 3채, 6채, 12채 … 를 단계별로 적고, 1채는 2023년 12월 31일까지, 2채는 2025년 12월 31일까지 … 이런 식으로 단계마다 언제까지 달성할지 적어놓으라는 의미다.

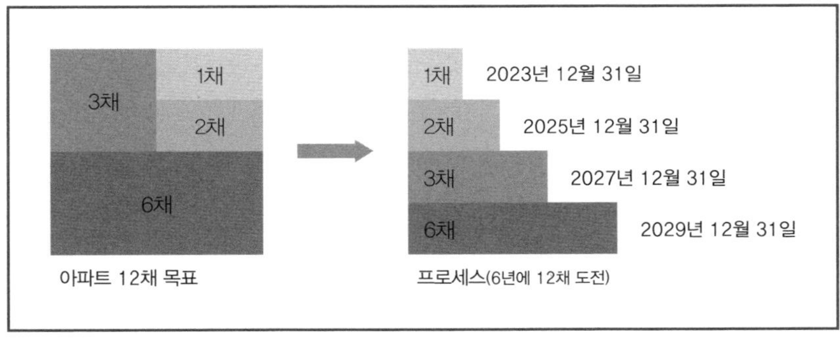

물건 선정방법

갭 투자 물건을 선정할 때는 수도권 역세권의 소형아파트가 우선 대상이다.

어디에 투자해야 되나(투자 지역 선정)?

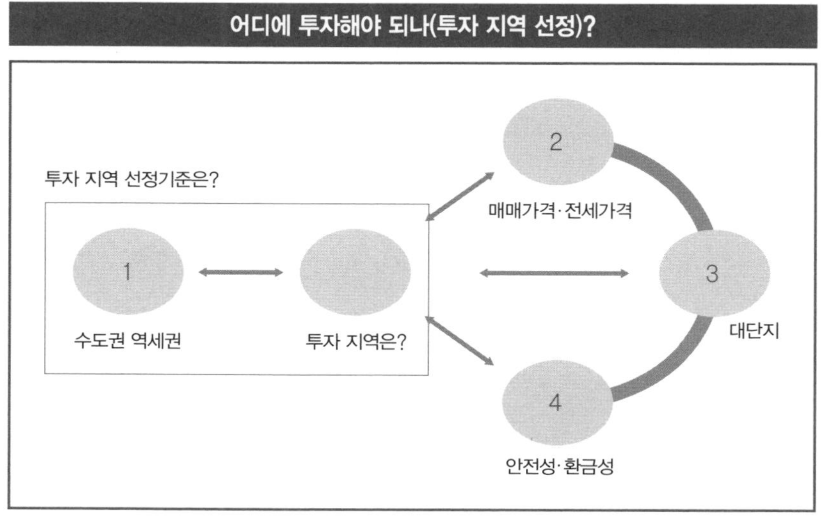

앞에서도 언급했지만, 2020 인구주택 총조사 결과, 서울시 가구의 50.4%가 무주택 가구로 전국에서 가장 높으며, 1인 가구 27.2%, 2인 가구 26.1%, 3인 가구 21.5%, 4인 가구 18.8%순으로 2인 이하 가구가 53.3%를 차지한다.

갭 투자를 소형아파트에 집중하는 이유는 2인 이하 가구 비중이 1/2을 넘는 사회구조를 기반으로 한다. 이렇게 수도권 역세권에 위치한 소형아파트 중 매매가격 대비 전세가격 비율을 보아 보통 80~85% 정도면 투자 고려 대상이 된다. 전세가격 비율이 높을수록 투자 자금이 적게 소요되니 좋은데 간혹 90%가 넘는 곳도 있다.

아파트 생애주기

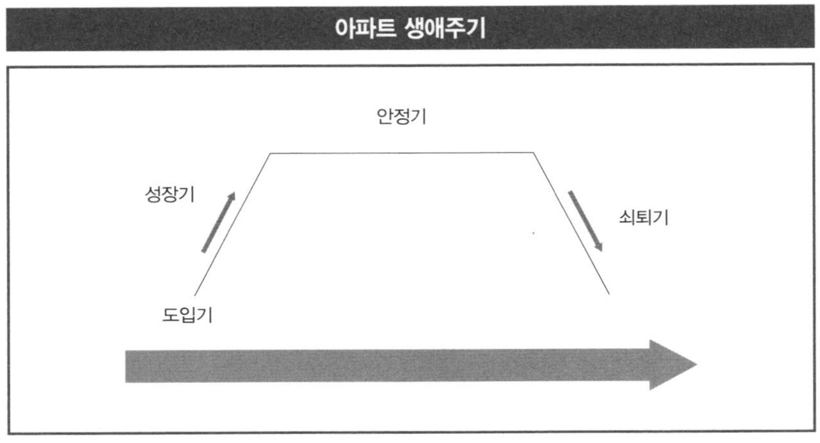

아파트 생애주기를 보면 도입기(분양 시장)-성장기-안정기-쇠퇴기로 나눌 수 있는데, 갭 투자는 성장기 시기의 아파트에 투자한다. 이는 보통 분양 후 4~20년 사이에 있는 아파트가 대상이 된다. 리스크가 우려되는 분양 시장, 재개발, 재건축 등은 투자하지 않는다. 수익은 추구하되, 리스크는 줄이는 게 나의 목적이기 때문이다.

아파트 중에서 대단지 아파트를 중심적으로 검토하는데, 일반적으로 1,000세대(일부 지역은 500세대)가 넘는 곳을 대단지라고 부른다. 단지가 클수록 관리비 부담이 줄어들고 다양한 생활 인프라가 갖춰져 있으며 호황기에는 가격이 크게 오르고, 침체기에는 가격 하락 폭이 작아 리스크를 줄일 수 있다. 또한, 대단지 아파트는 그 지역의 랜드마크가 되어 시세를 리드하는 경우가 많다. 여기에 학군, 산업단지, 인구 유입, 개발 호재 등을 고려한 다양한 분석을 통해 투자 물건을 선정하는 것이다.

그리고 지난 20여 년간의 경험으로 얻은 핵심은 초기 투자 종잣돈으로 매매가격과 전세가격의 총합을 극대화하는 전략을 구사한다. 예를 들어서, 1억 원으로 분당지역에 매매가격 3억 원에 전세가격 2억 원짜리 아파트 1채를 매입하는(갭 1억 원) 것이 아니라, 좀 더 서울에서 먼 지역이라도 갭 3,000만 원으로 매매가격 2억 원짜리 아파트 3채를 구입해 매매가격과 전세가격의 총합을 극대화하는 것이 가장 핵심적인 물건 선정방법이다.

부동산 상승 요소

부동산 상승의 요인으로는 경제 성장, 통화량 상승, 금리 하락, 지가 상승, 인플레이션, 인건비 · 재료비 상승, 높은 무주택자 비율, 전세가율의 매매가격 하락 저지선 역할, 월세 비율의 상승에 따른 세입자들 주거비 부담, 임대사업자와 다주택자 증가, 소형아파트 강세 지속, 넘쳐나는 유동자금 등을 꼽을 수 있다.

부동산 상승 요소

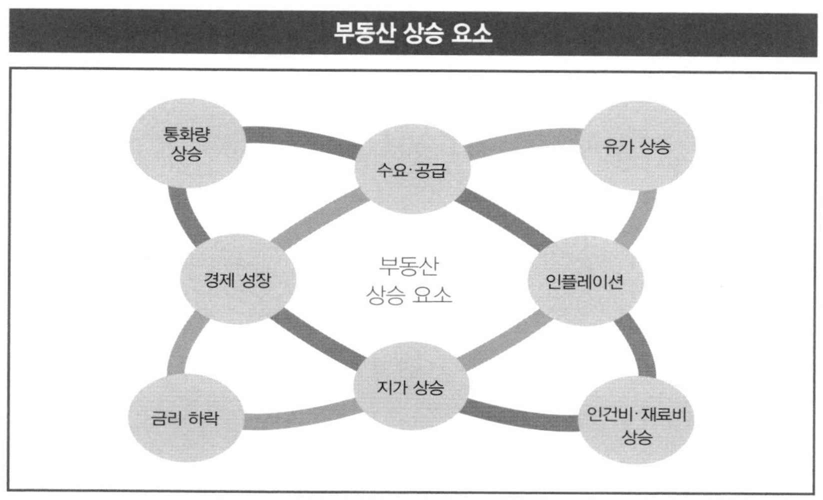

❙ 가치와 가격

경기 중에 늘 껌을 씹기로 유명했던 전 맨체스터 유나이티드 퍼거슨(Ferguson) 감독이 그의 감독 생활 마지막 경기에 씹었던 껌은 60만 달러, 한화로 7억 원에 낙찰되어 화제가 되었다. 1998년 미국 프로야구에서 마크 맥과이어(Mark McGwire)가 세운 한 시즌 최다 홈런 기록인 70호 홈런볼은 1999년 뉴욕 그룬 제이 경매에서 300만 달러, 약 36억 원에 팔렸다. 이 껌이 금으로 만든 것도, 야구공에 다이아몬드를 박은 것도 아니다. 그냥 씹던 껌과 야구공일 뿐이다. 그럼 그 가격에 산 사람이 미친 것일까? 이 대목에서 가치와 가격에 대해 생각해보자.

가치란 인간의 욕망을 충족시켜주는 능력을 말하는 것으로, 가치가 있는 상품은 매매가 발생하고 이 매매를 매개하는 것은 가격이다. 즉, 가격은 시장 가치나 투자 가치의 화폐적 표현인 것이다.

가치는 가격의 기초가 되며, 가격은 가치에 의해 결정된다. 따라서 가치가 변화하면 가격도 같은 방향으로 변화한다(가치 상승 ⇨ 가격 상승).

우리가 "이거 얼마예요?" 하고 물을 때는 가격을 묻는 것이다. 하지만 우리가 사는 것은 그 물건의 가격이 아니라 가치다. 가격이란, 그 물건의 몸값, 즉 가치를 반영하는 숫자다. 1만 원이라면 1만 원의 가치가 포함되어 있어야 소비자가 만족한다. 어떤 물건은 1만 원 이상의 가치를 가질 수도 있고, 어떤 것은 5,000원밖에 하지 않을 수도 있다. 만약 어떤 가격이 가치보다 훨씬 못하다면 그 물건은 더는 관심을 받지 못하게 된다. 가격을 내리거나, 아니면 가치를 올려야 소비자들의 관심을 되돌릴 수 있다.

정상적인 가격이란 가격만큼의 가치가 반영되어 있는 것이다. 가치가 좋은 물건은 그 가치 이상의 가격을 인정받을 수 있다. 가치가 좋은 물건은 대부분 비싸다. 하지만 가격이 비싸다고 해서 가치가 좋은 것은 아니다. 이런 물건의 가격은 정상적인 가격이 아니므로 거품이 끼어 있다고 말한다. 따라서 그 물건의 가격을 볼 것이 아니라 가치를 볼 줄 알아야 한다.

가격에는 가치 외에 물가도 반영된다. 가치가 높아야 가격이 오르는 것은 아니다. 가치는 높아지지 않고 똑같은데도 물가가 오르면 가격은 오르게 된다. 짜장면값이 오르는 것은 짜장면의 가치가 올라서가 아니다. 인플레이션에 의해 화폐가치가 추락하면 짜장면값은 오른다. 지하철 요금이 오르는 것은 지하철 내부 실내장식을 바꿔서가 아니라 순전히 화폐가치 추락으로 가격이 오르는 것이다. 그것을 가치가 좋아져서 가격이 올랐다고 착각해서는 안 된다.

부동산에서도 가격과 가치는 존재하며 비례하지는 않는다. 어떤 부동산의 가치가 높으면 그 부동산의 가격은 비쌀 수밖에 없다. 하지만 가격이 비싸다고 해서 가치도 높은 것은 아니다. 따라서 좋은 부동산이란, 가치는 높은데 가격은 높지 않은 것이다. 하지만 이렇게 저평가된 물건을 쉽게 발견할 수는 없다. 안목이 높아야 하고 발품을 팔아야 한다. 이렇게 찾은 물건에 갭 투자를 해야 하는 것이다.

수요와 공급 논리

주택 시장의 가격은 기본적으로 수요와 공급에 의해 결정된다. 그 물건의 가치가 좋아지려면 공급과 수요의 법칙에서 공급보다 수요가 많아야 한다. 수요가 많기 위해서는 우수성·희소성·영속성 등을 갖춰야 한다. 다이아몬드나 금이 가치 있는 물건인 이유는 바로 이런 3가지 특성을 모두 갖추었기 때문이다. 수도권 소형아파트에 투자하는 것도 바로 이런 이유다.

많은 사람이 2022~2023년에 수도권 입주아파트 공급과잉으로 부동산이 추락할 것을 우려하고 있다. 이는 총주택수를 총가구수로 단순히 나눈 주택 보급을 계산한 오류다. 이는 시골의 폐가까지 주택에 포함된 수치이며, 주거의 원활한 이사를 위해서 공가 비율이 3% 내외로 유지되어야 한다는 가장 기본인 이론도 감안하지 않았다.

무주택 가구수가 44%(서울의 경우 50.4%), 2인 이하 가구 53.3% 넘는 현실에 소형아파트 부동산 하락을 의심하는 자는 어리석은 것이다.

초기 종잣돈 회수가 빠르다

투자를 하면 누구나 빠른 시일 내에 수익을 내고 투자 원금을 회수하길 원한다. 회수가 빠를수록 리스크를 줄일 수 있고, 재투자를 통한 부의 극대화를 창출할 수 있기 때문이다. 모든 이의 바람이지만, 모든 투자가 회수가 빠른 것이 아닌 게 현실이다.

정년퇴직한 후 그동안 모은 여윳돈과 퇴직금, 대출을 합해 10억 원이 넘는 상가건물 1채를 매입한 분이 있었다. 다달이 월세를 받으며 마음 편히 노후 생활을 보내려는 마음에 전원생활도 즐길 겸 수도권 외곽에 마련한 건물이었다. 그런데 시간이 흘러 건물은 노화하고, 상권은 시들어가 만기가 도래하면 임차인 구하는 일이 만만치 않았다. 공실로 몇 달씩 비어 있는 경우도 많았고, 어렵사리 임차되었다 해도 밀리는 월세에 각종 보수공사가 시시때때로 필요했다. 세금과 이자는 꼬박꼬박 나가고 월세 수입이 불규칙하니 생활하기도 여간 불편한 게 아니었다. 그렇게 몇 년을 고생 끝에 팔기로 했다. 하지만 초기 투자금보다 오히려 가격을 내려서 매물을 내놓았음에도 팔리지 않았다. 10억 원에 육박하는 상가를 바로 살 만한 사람은 흔치 않은 것이다.

토지도 마찬가지다. 개발 호재에 힘입어 일부 지역은 거래가 활발하기도 하지만, 수년에서 수십 년에 이르기까지 팔리지 않고 묶여 있는 곳도 많다.

1980년대 초반 3,000만 원의 돈으로 어디에 투자할까 고민하다 전남 화순의 임야 3만 평을 매입한 분이 있었다. 그 당시 은마 아파트가 3,000만 원으로, 당시에도 이 둘의 투자를 고민했는데, 그래도 규모가 큰 임야에 투자하기로 마음먹었다고 한다.

이분은 지금도 화순의 임야를 보유하고 계신다. 진즉에 팔려고 내놓았지만 팔리지 않아 울며 겨자 먹기로 보유하고 계신 것이다. 지금도 시세는 3,000만 원이다. 그사이 은마 아파트는 22억 원이 넘는 가격이 형성되었다.

이처럼 부동산은 사는 건 내 마음대로였지만, 파는 건 내 마음대로 되지 않는 경우가 많다. 세금과 이자를 내며 마음 고생하면서 말이다. 이에 반해 전세 끼고 매매하는 형태인 갭 투자는 수도권 우량 지역 소형아파트에 투자하는 방식으로, 2년 후에 인상되는 전세금 상승으로 초기 투자 비용을 단번에 회수할 수 있다. 또한 이 투자금을 재투자함으로써 부의 극대화를 누릴 수 있다. 전세 임대를 계속 늘려나가는 갭 투자지만, 본인이 원할 때 언제든 매각할 수 있다는 장점이 있다. 매수 수요가 풍부하기 때문이다.

서울, 2년 사이 전세금 8,000만 원 인상

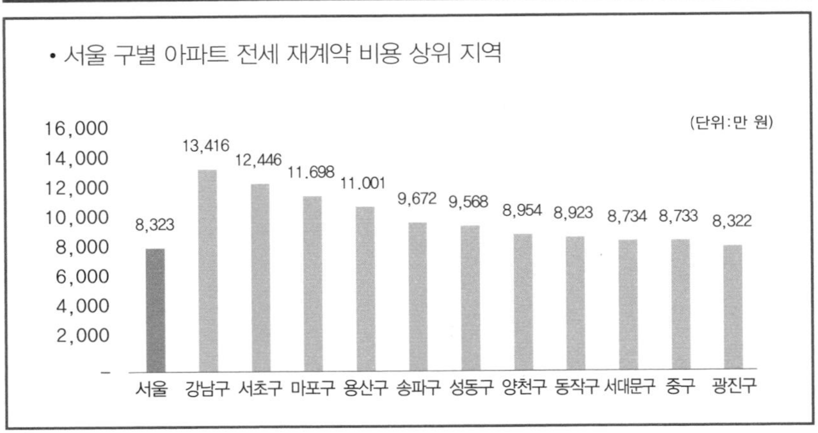

주1) 전세 재계약 비용은 2년 전 연말 대비 전세호당 평균가격 격차를 말함
주2) 2020년은 12월 9일 기준

출처 : 부동산 114

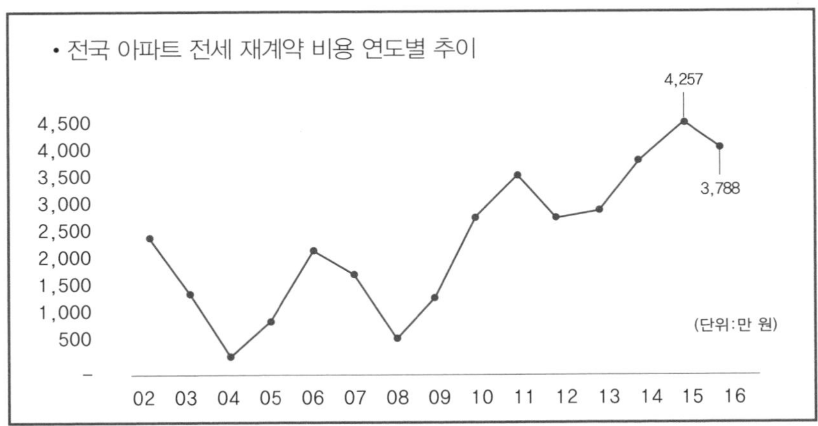

주1) 전세 재계약 비용은 2년 전 연말 대비 전세호당 평균가격 격차를 말함
주2) 2020년은 12월 9일 기준
출처 : 부동산 114

전세 재계약 비용		(단위 : 만원)
지역	2019년 말	2020년 12월
전국	4,257	3,788
서울특별시	8,536	8,323
경기도	4,931	4,505
부산광역시	3,040	3,747
대구광역시	5,346	1,902
인천광역시	5,192	4,353
광주광역시	2,102	1,102
대전광역시	804	1,712
울산광역시	2,181	1,814
강원도	1,052	1,347
경상남도	1,892	1,348
경상북도	1,602	729
전라남도	277	342
전라북도	744	543
충청남도	1,503	398
충청북도	1,229	628
제주도	2,718	1,518
세종특별시	976	4,188

전세 재계약 비용은 2년 전 전세가격 상승액을 의미함 출처 : 부동산 114 (서울 : 연합뉴스)

2020년 12월 13일 부동산 114 통계를 보면, 현재 전국 아파트 전세 재계약 비용은 평균 3,788만 원으로 집계되었다. 재계약 비용은 2년 전 전세금 대비 상승액으로 12월 현재, 전세 재계약을 하면 집주인에게 2년 전보다 평균 3,788만 원을 올려줘야 한다는 뜻이다. 이는 2019

년 전세 재계약 비용인 전국 평균 4,257만 원에 비해서는 상승률은 소폭 줄어들었지만, 여전히 전세가격 상승액은 크다.

서울은 전국에서 가장 높은 8,000만 원 이상의 보증금을 올려줘야 해서 2년 안에 이 금액을 마련해야 하는 전세 세입자들의 주거비 부담은 여전히 높은 상황이다. 경기도는 2020년 기준, 평균 4,505만 원이 인상되었다. 세종시의 재계약 비용은 2019년 976만 원에서 2020년 4,188만 원으로 무려 329%(3,212만 원)가 증가했다.

재계약 비용이 가장 많이 줄어든 곳은 대구광역시다. 대구는 2019년 재계약 비용은 5,346만 원으로 서울에 이어 두 번째로 높았으나, 2020년은 1,902만 원으로 3,444만 원(64.4%) 하락했다. 제주도의 재계약 비용은 2019년 2,718만 원에서 2020년 1,518만 원으로 1,200만 원(44.1%) 감소했다.

하락률은 충남이 가장 컸다. 충남은 2019년 전세 재계약 비용이 1,503만 원이었으나, 2020년에는 398만 원으로 전국 광역시도 중 가장 큰 73.51%(1,105만 원)가 감소했다. 충남 아파트의 전세금 역시 2019년에 2.98% 올랐으나 2020년에는 1.10% 내렸다.

이렇게 서울은 2년 사이 전세금이 8,000만 원 이상 상승했다. 이는 직장인이 2년 안에 마련하기 어려운 금액이다. 전국 평균 상승액인 3,788만 원의 두 배가 넘는 금액이다. 일부 지방은 전세금 인상이 미비한 지역도 있다. 따라서 갭 투자 시 이런 데이터를 정확히 반영해야 한다. 감으로 짐작하고 주먹구구식으로 판단하는 게 아닌, 정확한 정보를 바탕으로 수도권 소형우량아파트에 갭 투자를 해야 한다.

부동산 투자는 명확한 정보와 실행이 답이다.

고객이 넘쳐난다

통계청의 〈2020 인구주택 총조사〉에 공식집계된 우리나라 총인구는 5,147만 명으로 5,000만 명을 넘어섰으며, 수도권에 전체 인구의 49.5%가 몰려 수도권 집중화가 심화된 것으로 나타났다고 앞에서 언급했다.

현재 수도권 인구는 2,527만 명이다. 〈주택소유통계〉를 보면 전체 가구의 40.7%가 무주택자로, 지역별로는 서울시 가구의 50.4%가 무주택 가구로 전국에서 가장 높다.

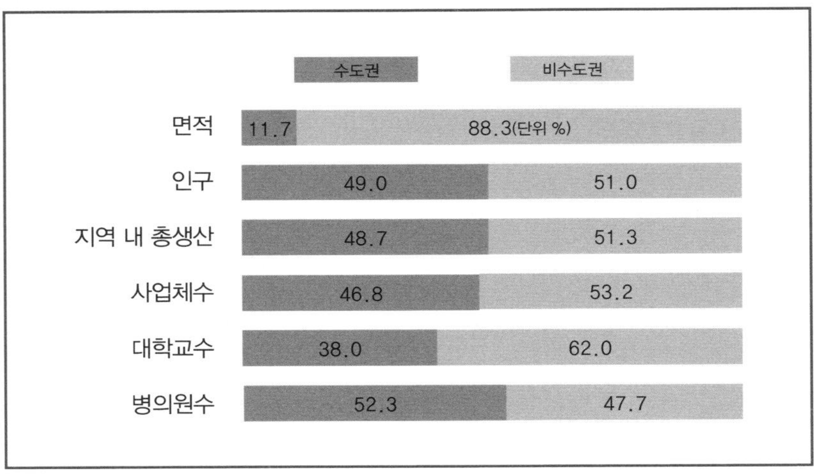

605㎢로 제주도의 1/3 크기다. 국토의 12%도 안되는 면적에서 지역 내 총생산, 사업체 수, 병원 수 등이 전국의 50% 가까이 차지한다.

기능과 시설의 수도권 집중으로 지방에서 대학을 졸업해도 지역 내에서 일자리를 찾지 못하고 수도권으로 올라오는 20대 인구가 계속 증가하고 있다. 행정·정치·경제·문화·교육 등에서 국가 핵심기능과 부의 80% 이상이 수도권에 집중되어 있다. 또 매출액 기준 10대 기업의 90%, 100대 기업의 84%, 1,000대 기업의 70.7%가 수도권에 몰려 있다. 수도권 법인의 시가총액은 전체 코스피 시가총액의 87.7%에 이르고, 코스닥 시장은 74.3%가 집중해 있다. 전국의 대학평가 상위 20개 중 수도권 대학이 80%인 16개다.

국가의 최고 중추 관리기능과 핵심가치 창출기능이 100% 수도권에 집중되어 있다. 또한, 600년 이상 수도기능을 담당해온 서울의 상징이자, 세종시와 혁신도시로 이전한 일부 중앙부처와 공공기관을 제외하더라도 여전히 청와대와 국회, 대법원 등 주요 기관이 들어서 있다. 서울대를 비롯한 상위 대학교들과 막강한 사교육 중심지이고, 전국의 주요 방송, 신문사의 100%가 수도권에 본사를 두고 있다. 이 모든 수치가 수도권에 사람이 넘쳐나고 수요가 풍부하다는 것을 보여주고 있다.

가격은 수요와 공급에 의해서 결정된다. 그래서 사업은 고객이 넘쳐나는 곳에서 해야 하는 것이다. 이것이 바로 수도권 우량 소형아파트에 투자하는 가장 중요한 이유다.

안전성, 수익성, 환금성이 뛰어나다

갭 투자는 안전하고, 수익성이 높으며, 원할 때 바로 매도가 가능해 환금성이 뛰어난 장점이 있다. 앞에서 누누이 설명했듯이 수도권 소형 우량아파트에 투자하는 갭 투자는 아파트라는 부동산 특성상 안정적인 투자처다.

2019년 3월 서울연구원에 따르면, 서울 시민들은 안정성을 이유로 부동산 47.1%, 금융 34.8%로 부동산을 선호했으며, 이는 연령이 높을수록 심해져 60대 이상은 55.5%가 부동산을 선호했다.

자산 유형으로 부동산을 선택한 이유는 '분실 위험이 없다'라는 답변이 34.6%로 가장 많았다. '장기적 가격 상승(30.0%)', '큰 손해를 볼 위험이 적다(22.2%)' 등의 이유가 뒤따랐다.

갭 투자는 전세금을 이용한 레버리지 투자로 2년 후 인상된 전세금으로 초기 투자금을 회수할 수 있는 구조로, 타 부동산 투자에 비해 수익성이 월등히 높다. 일반적으로 상가임대 수익률을 연 5~6%로 보는데, 이에 비해 갭 투자는 연 50% 이상의 수익률을 기대할 수 있다(인상된 전세금에 따라 약간의 수익률 차이는 발생한다).

또한, 갭 투자의 큰 장점으로 환금성을 꼽을 수 있다. 앞에서 말했듯이, 내가 원할 때 팔 수 있어야 진정한 투자 물건이다. 당장 몇 푼 들어오는 월세에 눈이 멀어 건물을 사들이거나 언젠가는 오르겠지 하는 막연한 기대심리를 담아 토지를 사둔다면, 원하는 시기에 팔리지 않아 골치가 아플 수 있다. 언제까지 계속 묶어둘 것인가? 살다 보면 급전이 필요할 때가 생긴다. 자식이 결혼한다는데 “잠깐만, 이거 팔려야 돈을 보태줄 수 있으니 그때까지 결혼 미뤄라!”라고 말할 것인가?

투자로 돈을 버는 것도 좋지만, 내가 원하면 바로 돈으로 바꿀 수 있어야 한다. 사람들이 주식을 하는 이유도 바로 이 환금성이 좋기 때문이다. 막연히 오를 것이라는 기대감에 환금성까지 갖추었으니 몇백~몇천만 원씩 손해 본 경험이 있으면서도 주식에서 손을 떼지 못하는 것이다.

소형아파트는 수요가 풍부한 덕에 바로 매매가 된다. 철저한 분석을 거친 정보력에 기반해서 애초부터 그런 지역을 골라서 투자를 한다. 따라서 안정성, 수익성, 환금성을 모두 갖춘 갭 투자는 투자의 최고봉이라 할 수 있다.

수익률 무한대의 사업이다

앞에서 3,000만 원으로 아파트 1채를 산 철수와 1억 원으로 아파트 3채를 산 명수가 6년 후에 철수는 8채, 명수는 24채로 16채의 차이가 난다고 설명한 바 있다. 이는 중간에 투입한 자본 없이 순수하게 인상된 전세금만으로 계산한 수치다. 내 돈 3,000만 원, 1억 원으로 6년 사이 8채, 24채의 집이 생긴 것이다. 8년이 되면 철수 16채, 명수 48채로 그 차이는 32채가 되며, 10년이 되면 철수 32채, 명수 96채로 64채의 차이가 난다.

그사이 본인의 직장 수입으로 모은 자본을 갭 투자에 계속 투자하는 상황까지 계산하면 그 차이는 더욱 벌어질 것이다. 이런 식으로 규모를 늘리면 수십 채에서 수백 채까지 가능하다. 결코, 허황된 숫자가 아니며, 감언이설이 아니다.

이렇게 하기까지 힘들게 노동했는가? 어려운 책으로 밤새워 공부했는가? 직장을 팽개치고 갭 투자에만 올인해야 했는가? 모두 아닐 것이다. 갭 투자는 힘들게 노동할 필요도, 어려운 공부를 할 필요도, 내 직장을 그만둘 필요도 없다. 본래 본인의 직업을 유지하면서 얼마든지 병행할 수 있다.

가장 안전하고 대박인 빅 비즈니스다

❶ 수도권

국토의 11.7% 면적에 인구의 약 50%가 살고 있다.

❷ 소형

통계청 조사 결과, 2019년 1인 가구 27.2%, 2인 가구 26.1%, 3인 가구 21.5%, 4인 가구 18.8%순으로 2인 이하 가구가 53.3%를 차지한다.

❸ 우량

역세권, 학군, 산업단지, 인구 유입, 개발 호재가 있는 대단지다.

❹ 아파트

안정적이고 환금성이 뛰어나다.

수도권	소형	우량	아파트
❶	❷	❸	❹

❶~❹번의 이유로 수도권 소형우량아파트에 갭 투자를 하는 것이다. 전세금을 이용한 매매형태라고 해서 무조건 전세비율이 높다고 투자하는 것이 아니다. 여러 가지 분석을 통해 향후 전세가격이 지속적으로 상승할 곳을 선정해 투자하는 것이다.

전국적으로 보면 아파트 매매가격이 하락한 곳도 있고, 전세가격이 오르지 않은 곳도 있다. 이를 이유로 갭 투자가 위험하다고 오해하시는 분들이 있는데, 다시 말하지만, 전국의 아파트를 상대로 갭 투자를 하는 것이 아니고, 꾸준히 상승할 수도권 지역을 골라서 투자한다.

두려움 한 방에 해결하기

과연 나도 할 수 있을까?

지피지기 백전백승(知彼知己 百戰百勝), 적을 알고 나를 알면 백 번 싸워도 백 번 이기는 법이다. 갭 투자(적)를 알았으니 이제 나를 알 차례다.

앞 장에서 언급했던 데이비드 호킨스 박사의 《의식 혁명》을 기억하는가? 자신의 수치는 어디에 위치해 있는가? 무기력한가? 두려운가? 자존심만 내세우고 있지는 않은가? 나를 냉정히 돌아볼 때다. 내면의 이런 감정들이 나의 의식을 지배하고 행동을 지배한다. 의식 에너지가 높다고 해서 두렵지 않은 것은 아니다. 가보지 않은 길은 누구나 두려운 법이다. 하지만 그 두려움에 떨고 있느냐, 떨쳐내고 일어나느냐의 차이다. 긍정 에너지가 높은 사람들도 자존심이 있다. 그 자존심을 내세울 때와 쓸데없는 자존심으로 고집을 부리지 않을 때를 잘 알고 있을 뿐이다.

이처럼 긍정의 에너지로 삶을 영위할 것인지, 부정적 의식 속에 갇혀 세상을 어둡게만 볼 것인지는 본인의 노력에 달려 있다. 먼저 자신의 마음을 다스리는 법을 배워라. 힘들고 복잡한 세상 속에서 제일 먼저 배워야 할 기본자세다. 자신에 대한 평가는 자기 스스로 해야 한다.

"크게 생각하고 과감히 행동하라."

세계에서 가장 성공한 부동산 투자가이자, 미국의 전 대통령이었던 도널드 트럼프(Donald Trump)가 한 말이다. 세간에서는 그가 아버지에게 물려받은 재산을 잘 포장한 것에 불과하다고 지적한다. 미국 경제매체 〈월스트리트저널(WSJ)〉은 "트럼프는 아버지의 재산을 바탕으로 900만 달러를 대출받는 등 1,400만 달러를 지원받았다"라고 보도했다. 영국 〈이코노미스트〉 역시 "물려받은 재산으로 자신의 제국을 만든 것"이라며, "재산 규모 자체는 아버지에게 물려받은 것과 비슷하다"라고 꼬집었다.

그러나 트럼프는 나름대로 1980년대 부동산 대폭락 시기를 겪은 후에도 재기에 성공했고, 부동산 업체를 자신의 이름을 내건 호텔, 골프장, 카지노 등으로 확대했다. 또 기업 경영으로 다진 '협상력'이 강점이다.

고수는 상대방의 장점을 보고, 하수는 상대방의 단점을 본다. 당신은 어떠한가? 상대방의 장점을 칭찬하고 배우려고 노력하는가? 아니면 단점을 꼬집어 상대방을 깎아내리는가? 나도 모르는 사이 누군가의 단점을 흉보고 있다면 그것은 바람직하지 못하다. 그 부정적 에너지가 나를 지배하기 때문이다.

이 책을 읽고 있는 당신은 '무한한 가능성'을 창조하기에 할 수 있을 것이다.

집을 산 후 가격이 하락하면?

이 질문은 내가 받는 질문 중에 많은 비중을 차지한다. 갭 투자로 집을 샀는데 집값이 하락하면 전세가격도 하락하고, 이에 갭 투자도 실패하는 것 아니냐는 것이다.

앞에서 말했듯이 전국적으로 보면 지방의 아파트 매매가격이 하락하는 곳이 있다. 이는 모든 지방이 다 그런 것이 아니고 일부 지방의 이야기다. 내가 하는 갭 투자는 수도권 지역의 역세권, 학군, 산업단지, 개발 호재, 인구 유입 등을 다각도로 분석해서 투자하는 방식으로, 단순히 어느 지방의 매매가격이 하락했다는 수치를 갭 투자에 인용하기에는 적절하지 않다. 또한, 매매가격의 하락이 전세가격의 하락과 직결되는 것은 아니다.

주택 시장의 법칙

> **질문 1** 매매가격이 소폭 하락하면 전세가격은 상승할까, 하락할까?
> **질문 2** 시세차익이 적으면 임대가격은 상승할까, 하락할까?

사람들이 집을 사는 이유는 시세차익이 목적이거나 임차인의 보증금이 목적인 경우가 많다. 이에 매매가격이 그대로 유지되면 임대가격은 어떻게 될까?

이런 경우 임대가격이 오르는 경우가 대부분이다. 얼핏 생각하면 매매가격이 내려가면 임대가격도 떨어지는 게 맞는 것 아닌가 의아해할 수 있지만, 이는 시세차익이 없으니 임대료로 보충하려는 임대인의 심리가 반영되어 있다. 심지어 매매가격이 소폭 하락해도 전세가격은 오른다. 경기는 파동을 일으킨다. 적당한 파동에는 전세가격이 지속적으로 상승한다. 단 전쟁, IMF처럼 국가 위난 시에는 집주인이라도 전세가격을 올릴 수는 없기에 이때만 내려간다.

통화량과 물가의 관계

우리는 흔히 돈은 많으면 많을수록 좋은 것으로 생각한다. 하지만 돈은 너무 많아도 문제가 생긴다. 시중에 유통되는 돈의 양이 너무 많을 때 발생하는 문제는 물가 상승이다.

돈의 양이 증가할 때 물가가 뛰는 이유는 간단하다. 예를 들어 우리나라에서 1년 동안 생산되는 것이 아파트 1채밖에 없고, 돈은 딱 1,000만 원 있다고 하자. 그러면 아파트 1채의 가격은 1,000만 원이 된다. 그런데 만약 우리나라를 부자 나라로 만들겠다고 돈을 1조 원쯤 찍어냈다고 하자. 그다음에는 어떤 일이 일어날까? 돈을 아무리 찍어내도 아파트 생산량은 1년에 1채로 변함이 없다. 따라서 아파트 1채의 가격이 1조 원으로 뛰게 된다. 즉 우리나라가 생산하는 물질보다 훨씬 더 많은 돈을 찍어내면 물가만 뛰게 되는 것이다.

앞의 교환방정식에서 본 것처럼, 일반적으로 통화량과 물가는 비례한다. 즉, 통화량이 증가하면 물가가 상승하고, 통화량이 감소하면 물가는 하락한다. 통화(돈)를 하나의 재화로 보면 통화량이 많을수록 돈의 가치가 하락해 상대적으로 돈으로 구매할 수 있는 다른 재화의 가치인 물가가 상승하는 것이다.

통화량을 극단적으로 증가시키면 물가가 극단적으로 상승하는 효과인 초인플레이션이 나타난다. 제1차 세계대전 후 독일의 경우나 최근 짐바브웨의 경우를 생각해보면 이해가 쉽게 될 것이다. 두 경우 모두 돈을 미친 듯이 찍어냄으로써 심한 물가 상승을 불러왔다.

짐바브웨는 2009년에 이미 숫자로 적는 것이 무의미할 정도의 엄청난 인플레이션으로 많은 상점이 자국 화폐로 거래하기를 거부했고, 시골에서는 물물교환이 성행하는 상황에 이르렀다. 짐바브웨 지폐 중 최고액권은 0이 14개 붙는 100조 짐바브웨 달러인데, 그 돈으로는 일주일 동안 버스를 타고 다닐 수도 없을 만큼 화폐가치가 낮다. 1,000억 짐바브웨 달러로 달걀 3개를 살 수 있었으며, 빵이나 우유 같은 생필품을 사기 위해서는 지폐로 가득 찬 비닐봉지를 몇 개씩은 들고 외출해야 했다. 이 때문에 짐바브웨에서는 공무원, 교사, 버스 운전사 등이 미국 달러화로 월급을 지급하라며 종종 시위를 벌이곤 했다.

짐바브웨는 화폐개혁을 통해 2008년에 1,000억 짐바브웨 달러를 1 짐바브웨 달러로 바꾸었고, 2009년에 또 1조 짐바브웨 달러를 새로운 1 짐바브웨 달러로 바꾸었다. 물론 그 이후에도 화폐 단위는 하루가 멀다 하고 커져갔고, 지폐에 발행일과 유통기한을 표기해서 일정 기한이 넘어가면 사용할 수 없도록 만들기도 했다.

엄청난 인플레이션을 감당하지 못한 짐바브웨는 결국 실질적으로 자국 화폐를 포기하는 상황에 이르게 되었다. 짐바브웨 달러 화폐를 은행이나 우체국 등에 가져오면 미국 달러로 바꿔주었는데, 3경 5,000조 짐바브웨 달러가 미국의 1달러였다. 숫자로 다시 표현하면, 미국의 1달러가 35,000,000,000,000,000 짐바브웨 달러다.

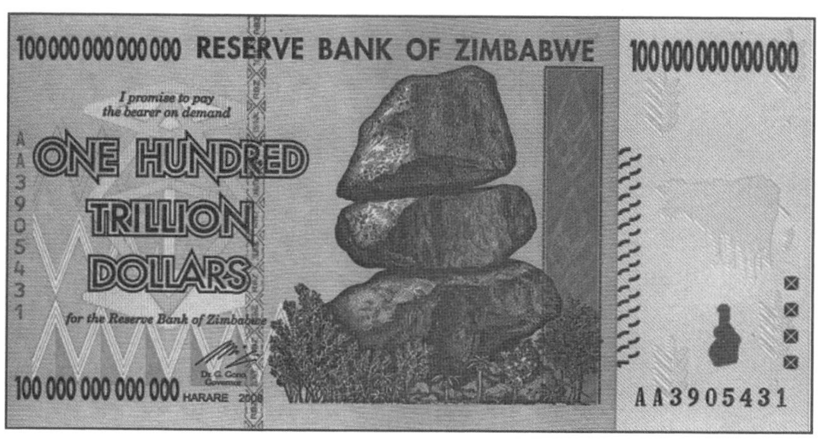

❙ 우리나라의 통화량 상승

우리나라의 통화량이 지속해서 증가하고 있다. 이는 우리나라뿐 아니라 전 세계적 추이다. 통화량이 증가하면 물가가 상승한다. 물가의 가치가 높아져 가격이 상승하는 것이 아니라 통화량 증가에 따른 화폐가치가 하락한 것이다.

금 가격이 올랐다고 말하는 것은 엄밀히 말하면 금의 가치가 상승한 것이 아니다. 금은 그대로인데 돈의 가치가 하락해 금 한 돈을 사려면 전에는 5만 원이면 사던 것을 지금은 28만 원을 줘야 살 수 있다는 것이다. 지금 28만 원을 주고 산 금 한 돈이 예전 금 한 돈보다 더 크고 금 함량이 많이 들어 있어서가 아니라 그만큼 화폐가치가 하락했다는 것이다. 물론 모든 물가가 금처럼 크게 오른 것은 아니다. 실질 물가 상

갈 곳 헤매는 유동성 자금 사상 첫 3000조 돌파

박지훈 기자 lionking@busan.com

입력 : 2020-07-05 18:38:47 수정 : 2020-07-05 18:42:48 게재 : 2020-07-05 18:43:30 (14면)

출처 : 박지훈 기자, <부산일보>, 2020년 7월 5일 기사

승 비율보다 금값 상승 비율이 더 높은 것이다. 이런 것을 '우량자산'이라고 부른다.

우리나라는 인구가 계속해서 증가했지만, 아파트 공급은 계속 부족했다. 1988년 12월부터 2015년 12월까지 27년 동안 전국 아파트 매매가격 상승률은 258%였고, 서울은 297%나 되었다. 특히 한강 이남의 11개 자치구는 362%의 높은 상승률을 구가했다. 전세는 그보다 더 올라 전국 아파트의 전세는 510%, 서울 아파트의 전세는 570%나 올랐다.

집값이 이처럼 많이 오른 이유는 수요에 비해 부족한 공급과 돈 가치의 하락에 있다. 물가 상승에 의한 화폐가치의 하락으로 아파트 가격이 상대적으로 인상되는 비율 외에 공급부족이라는 가치 상승 비율이 더해져 가격이 오르는 것이다. 특히 수도권 아파트는 국토의 12%에 해당하는 면적에 50%의 인구가 사는 곳으로 우량자산 중에서도 으뜸이다. 그래서 갭 투자의 대상을 전국의 모든 아파트가 아닌, 수도권 소형아파트에 집중하는 이유가 여기에 있다.

투자는 '힘들게 번 소중한 돈을 통화가치 하락으로부터 지키는 행위'라고 할 수 있다. 경제 규모가 커질수록 통화량은 비례해 증가한다. 경제 성장률이 높을수록 돈의 가치도 급격하게 떨어질 수 있다는 뜻이다. 특히 우리나라와 같이 수출이 경제에서 차지하는 비율이 높은 나라일수록 자국의 통화가치를 떨어뜨려야 수출에 유리하기 때문에 의도적이든, 자연적이든 돈의 가치가 떨어지는 것을 막을 수 없다. 이렇게 돈의 가치가 급격히 떨어지는 나라에서는 현금보다 현물자산을 가지고 있는 것이 유리하다.

경기가 좋지 않고 미래가 불안해서 정부가 통화량을 늘리게 되면 부자들은 기다렸다는 듯이 현물자산을 늘린다. 부자들은 시중에 통화량이 증가하면 채권을 비롯한 돈의 가치는 하락하고 현물자산의 가치는 상승한다는 것을 잘 알고 있다. 반면 대부분의 사람들은 경기가 좋지 않고 미래가 불안할수록 현금을 보유하려고 하는 심리가 강하다. 가지고 있는 돈의 가치가 계속 하락하는 것을 모른 채 열심히 돈을 모으지만, 시간이 지난 후 물가가 상승하고 집을 사려고 하면 집값은 이미 더 높이 올라가 있다. 그렇게 점점 부자와 멀어지는 것이다. 부자들은 통화량 상승을 눈여겨본다. 통화량의 지속 상승은 아파트값 상승과 연동하는 것이다.

▎타조의 지혜

타조는 적이 가까이 다가오면 모래 속에 머리를 처박는다. 땅으로 전해지는 소리를 듣고 주위 상황을 살피기 위해서다. 즉 정확하게 상황을 판단하기 위해 적의 움직임을 자세히 살피는 것이다.

그러나 이 독특한 자세 때문에 타조는 괜한 오해를 받는다. 즉 사람들은 타조가 워낙 머리가 나빠 모래 속에 머리를 처박은 채 자기 눈을 가리면 몸을 다 숨겼다고 생각한다고 오해하는 것이다.

물가와 인플레이션, 통화량 상승과 화폐가치 하락의 함수를 모르는 사람들은 갭 투자로 많은 수의 아파트를 사들이는 것을 보고 걱정한다. 부동산 경기가 좋지 않다며 가격이 하락하면 손해가 클 거라고 우려하는 모습에 타조 이야기가 연상이 된다. 뱁새가 타조의 깊은 뜻을 어찌 알까.

금리가 인상되면 부담이 크지 않을까?

자본주의는 수요와 공급의 원칙에 의해 움직이며 근본은 화폐다. 한국은행이 돈을 많이 발행해서 전국에 돈을 마구 뿌리면 금리는 어떻게 될까?

처음에는 돈이 너무나 흔해져서 금리가 낮아지게 된다. 돈이 없을 때는 1년에 10%의 이자를 줘야 빌릴 수 있었지만, 지금은 돈이 너무 흔해, 3%의 이자만 주어도 사람들이 기꺼이 돈을 빌려준다. 한국은행이 돈을 더 많이 뿌리면 1%의 이자만 주어도 돈을 빌릴 수 있을 것이다.

하지만 이런 현상이 천년만년 계속되는 것은 아니다. 점점 시간이 흐르면서 부작용이 생겨난다. 즉 돈이 너무 많이 풀리면 장기적으로 물가가 상승하기 때문이다. 만약 물가가 10% 정도 상승했다고 하자. 이렇게 되면 사람들이 대출해줄 때 망설이게 된다. 옛날처럼 1%의 이자만 받고 돈을 빌려주면 오히려 손해이기 때문이다. 따라서 최소한 물가가 뛰는 만큼은 이자를 받으려 하는 것이다. 이렇게 해서 통화량이 늘어나면 단기적으로는 금리가 하락하지만, 장기적으로는 물가가 상승하고, 물가가 상승하는 만큼 금리도 상승하게 된다.

금리가 오르면 주택 가격은 어떻게 될까? 높은 금리로 집 사는 것을 꺼려 집값이 하락할까? 금리가 계속 상승한다는 뜻은 물가가 지속해서 상승하는 것을 의미한다. 물가가 상승하니(선행) 금리를 올리는 것(후행)이다. 이런 이치로 물가가 지속적으로 하락한다면 금리도 인하된다.

따라서 금리가 오른다는 뜻을 이자 부담이 커져 주택 구입이 어렵다고 단순히 오해해서는 안 된다. 금리 인상으로 주택 가격이 하락하는 것이 아니라 그만큼 물가가 많이 상승했기 때문에 금리가 따라 오른 것이다.

또한, 갭 투자는 은행의 대출을 이용하는 매매가 아니라 임차인의 전세금을 지렛대 삼아 투자하는 형태이므로 이 금리와는 영향이 없다. 금리가 높아진다고 이자 비용이 나가는 것이 아니므로 걱정할 필요가 없는 것이다.

고령화 사회 진입으로 집 수요가 줄어든다?

고령화 사회로 진입함에 따라 집 수요가 줄어들어 집값이 하락할 것을 우려하는 분들이 있다. 우리나라 경제활동 인구가 감소하는 시기는 2037년으로, 1999년부터 경제활동 인구가 감소한 일본과 비교하면 차이가 크다. 또한, 1인 가구가 꾸준히 늘어나기 때문에 주택 수요는 이어진다. 통계청에 따르면 1인 가구는 1995년 12.7%에서 2015년에는 27.1%로 증가했으며, 앞으로 1인 가구 비율은 35%까지 올라갈 것이라고 내다봤다.

또한, 베이비붐세대의 자녀인 에코세대의 주택 수요도 무시할 수 없다. 에코세대란 1979~1992년생으로 현재 30~40대 젊은 층을 말한다. 주로 베이비붐세대(1955~1962년생)의 자녀로 태어나서 메아리(echo, 에코)처럼 돌아왔다는 뜻으로 이렇게 부른다. 저금리와 전세난 속에서 사회생활을 시작한 에코세대들이 적극적으로 내 집 마련에 뛰어들면서 최근 중심 소비층으로 떠오르고 있다. 에코세대는 현재 990만 명, 630만 세대로 전체 가구 중 36%이며, 이들은 소형주택 시장의 수요자다. 베이비부머 자녀의 독립과 함께 1인 가구가 속속 등장하고, 부부만 사는 베이비부머가 늘어나면서 주택 수요가 중대형에서 소형으로 지속해서 바뀌고 있는 것이다.

여기에 기대수명의 증가와 이혼의 증가, 혼인하지 않는 독신 가정의 증가로 핵가족의 개념을 뛰어넘는 가족의 분열이 이루어지고 있는 상황이다. 이 가운데 1인 가구의 증가세는 주택 수요의 증가를 가져오며 전월세 수요가 급증하는 원인이 된다.

따라서 앞으로 20년 후부터 감소하는 경제활동인구와 지속해서 증가하는 1인 가구 비율을 정확히 판단해서, 고령화 사회로 진입했다는 단순한 언론플레이에 판단을 그르치는 일이 없길 바란다.

출산율 저하로 인구가 감소한다는데

출산율 저하로 인한 인구 감소로 주택의 수요가 줄어들어 집값이 하락할 것을 우려하는 분들이 있다. 그러나 인구 증가 속도가 둔화한 것은 맞지만, 출산율 저하로 인한 절대 인구의 감소는 2030년부터다. 현시점부터 인구가 감소하는 게 아님을 유념해야 한다. 일본은 이미 2010년부터 절대 인구가 감소했는데, 우리나라 주택 시장이 일본과 다름을 보여주는 수치다.

또한, 우리나라 주택 시장에서 빼놓으면 안되는 것이 외국인 수요다. 2006년에 54만 명인 외국인은 2019년 12월 기준, 252만 명으로 4.67배 상승했다. 이에 외국인 주택 수요도 동반 상승하는데 이를 간과하면 안 된다.

선진국의 사례를 보자. 인구 감소, 저성장, 고령화에 따른 주택 구매 수요 감소 등 3가지 의문을 똑같이 가진 유럽의 여러 국가는 같은 시기에 집값이 올랐다. 일본 경제가 폭락했던 시점에 프랑스, 영국, 독일, 이탈리아 등 유럽의 생산가능 인구, 즉 집을 살 만한 사람이 줄어들 당시에는 부동산 가격이 잠시 주춤하긴 했지만, 오히려 그 이후 이어진 고령화 추세에도 부동산 가격은 꾸준히 상승했다는 것이다. 특히 이탈리아의 부동산 가격은 2000년대 이후 무려 두 배에 가까운 상승세를 보였다.

인구 감소와 고령화만을 근거로 주택 가격 하락을 예측하는 것은 소득 및 가구수 증가라는 주요 변수를 무시했기 때문이다. 소득 증가율이 3% 수준만 유지되어도 신규주택 수요가 생길 수 있고, 인구 감소는 다른 경제 변수에 비해 느리게 진행되어 대비할 수 있다.

부동산, 더 이상 상승하기 어렵다?

통계청의 〈2019 인구주택 총조사〉에 의하면 우리나라 인구 1,000명당 주택수는 320호로, 2010년 296.7호에 비해 23.8호가 증가한 것은 사실이지만, 여전히 선진국 주요국가보다는 턱없이 부족한 수치다. 인구 1,000명당 440호를 주택 완전공급상태로 보는데, 미국 419.4호(2015년 기준), 영국 434.6호(2014년 기준), 일본 476호(2013년 기준)에 비해 우리나라는 낮은 수치다. 즉, 수요와 공급의 기본 원칙에 상당히 차이가 있어 공급의 부족을 이유로 가격이 상승할 것을 예상하는 것이다.

우리나라 국민들은 주택 소비 욕구가 큰 특징이 있다. 심리적으로 '부동산 불패'를 경험했기에 현 세대에서도 '내 집'이라는 마인드가 지속되는 것이다. 나이가 들어 주택 규모를 줄이는 시기도 외국보다 10년 이상 늦고, 고령자들이 주택을 처분하기보다는 자식에게 상속이나 증여를 하려는 성향이 강한 것이 주택 수요가 감소하지 않을 것이라고 보는 이유다.

역모기지는 집을 소유하고 있지만, 소득이 부족한 어르신들이 평생 또는 일정 기간 안정적인 수입을 얻을 수 있도록 집을 담보로 맡기고, 자기 집에 살면서 매달 국가가 보증하는 연금을 받는 주택연금제도를 말한다. 이러한 역모기지도 주택 가격 상승에 한 이유로 꼽을 수 있다. 내 집에 살면서 연금을 받는 구조이기 때문에 주택을 담보로 고령자들이 생활비를 마련하기 위해 내놓는 '생계형 매물'이 줄어들며 가격 하락 압력을 낮추는 요인으로 작용하는 것이다.

이번엔 아파트 자체 건축만을 놓고 생각해보자. 나는 건축을 전공했다. 아파트 설계만 7년을 했으며, 그 후 공기업 감리회사에 입사해서 17년 동안 근무했다. 분당, 일산, 판교, 은평 뉴타운 등 주요 아파트의 감리를 모두 했다. 눈 감고도 아파트 원가 분석을 할 수 있을 정도라고 말할 수 있다.

아파트 분양가격 = 지가 + 재료비 + 인건비 + 설계 감리비 + 이자비용 + 이윤 + 미래가치라고 할 수 있다. 우리나라 지가는 연평균 5% 내외 상승한다. 이는 매년 정부에서 발표하는 공시지가를 열람하면 알 수 있다.

지가가 상승하면 국가는 세금을 더 많이 걷을 수 있다. 토지는 주택보다 재산세 세율이 높아 10억 원의 아파트를 가진 사람과 10억 원의 토지를 보유한 사람의 재산세는 수십만 원에서 수백만 원 차이가 난다(도시 지역 밖에 있는 전, 답, 과수원, 목장용지, 임야 등 저율의 분리과세 대상 제외).

재료비는 어떠한가? 시멘트, 철근 가격이 인하되었다는 말을 들어봤는가? 재료비는 물가 상승률에 힘입어 매년 꾸준히 상승하고 있다. 여기에 인건비도 마찬가지다. 설계, 감리비도 매년 인상된다. 우스갯소리로 월급 빼고 다 오른다고 하지 않던가!

대규모 자금이 필요한 아파트를 건축 시 시행사는 은행에서 PF대출(Project Financing, 프로젝트 파이낸싱)을 받는 경우가 많다. 아파트 건립에 따라 미래에 발생할 분양수익금으로 금융기관으로부터 자금을 조달받는 금융기법에 대한 이자가 발생하는데, 이도 분양가격에 포함시킨다. 은평 뉴타운의 한 시행사는 하루 이자가 5억 원인 곳도 있었다.

요즘은 아파트 분양가격에 미래가치도 반영한다. 적정이윤뿐 아니라 앞으로 오를 미래가치를 반영해서 분양하기 때문에 현재 분양가격이 주변 시세보다 비싼 것이 일반적이다. 또한, 이 분양가격은 주변 시세를 같이 끌어올리는 파급력을 발휘한다.

부동산 내재 가치

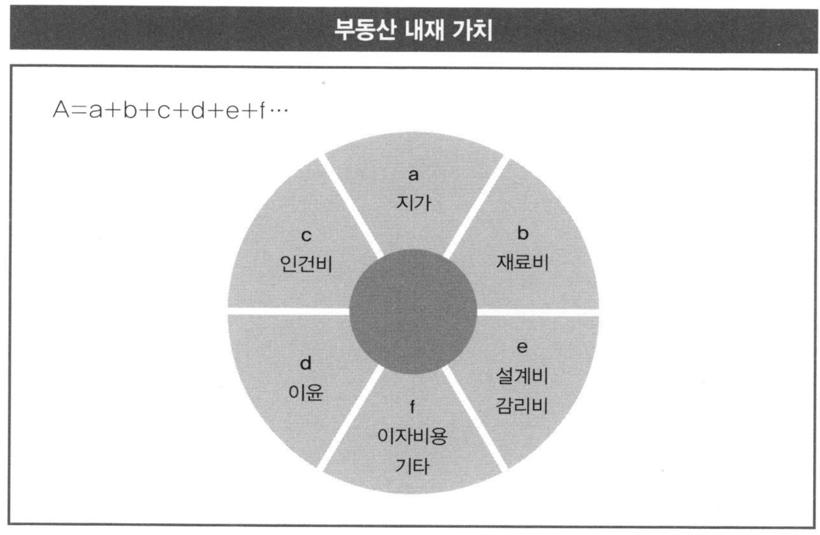

따라서 전체 인구의 40.7%가 무주택자(서울은 50.4%)이고, 2인 가구 이하가 50% 이상을 차지하며, 주택건설비용이 매년 증가하고, 지가와 물가가 상승하며, 선진국보다 주택이 부족한 우리나라 현실 등을 고려하면 부동산은 지속해서 상승할 수밖에 없다.

갭 투자 시 전세가 나가지 않으면?

전세는 수요와 공급의 법칙에 의해 움직인다. 전세 수요는 많은데 공급이 부족하면 전세를 내놓자마자 바로 나가고 전세금 또한 상승한다. 수요는 없는데 공급만 많으면 당연히 공실이 발생할 것이다.

앞에서도 여러 차례 말했지만, 나는 전국 모든 아파트에 갭 투자를 하라는 것이 아니다. 역세권, 학군, 산업단지, 인구 유입 등을 분석해서 꾸준히 전세 수요가 있는 아파트를 사라는 이야기다. 허허벌판에 아파트 하나 달랑 서 있는 곳에 투자하라는 말이 아니라는 것이다. 부동산 전문가 70%가 저금리 기조와 빠른 월세 시대 도래로 전세대란이 상당 기간 지속될 것으로 전망했다. 급속한 월세 전환 등에 따른 절대적인 전세물량 부족과 강남 재건축으로 인한 공급부족까지 맞물린 상황에 수도권 전세금 상승세는 계속 이어질 수밖에 없다.

일본처럼 부동산 폭락 시기가 오지 않을까?

많은 사람이 우리나라 집값이 일본처럼 폭락하지 않을까 하는 걱정을 많이 하는 듯하다. 이에 통계청의 조사 결과를 기반으로 일본과 어떻게 다른지 설명해보겠다.

먼저 한국 인구는 51,069,000명, 총가구수는 19,560,000가구, 총주택수는 19,884,000호다. 여기에는 시골의 다 쓰러져가는 폐가 등이 포함된 수치로 이 중 순주택은 16,370,000호다. 이에 단순히 총주택수를 총가구수로 나눈 주택 보급률 101.60%는 현실보다 높게 책정된 수치다(이마저 수도권은 98%로 평균 수치보다 더 낮음). 총가구수를 순주택으로 나눈 비율은 83.7%로 낮아지며, 또한 추후 주택 보급률이 100%를 넘었다 하더라도 주택이 이미 넘쳐나고 있다는 뜻이 아닌, 주거의 원활한 이사를 위해서 공가 비율이 3% 내외 유지되어야 하므로 앞으로도 신규주택은 더욱 필요한 것이다.

한국과 일본 인구 가구수·주택수 비교

구분	한국	일본	비고
총인구	51,069,000	127,000,000	명
총가구수	19,560,000	53,403,000	가구
총주택수	19,884,000 순주택 1,637만 /거주주택 1,530만	60,630,000	호
주택 보급률	101.60%	113.50%	
수도권 보급률	98%		
인구 1,000명당 주택수	320	476	호 주택 완전공급상태 : 440호/1,000명
필요 주택수	2,586,000	−4,750,000	호
주택 교체수명	27년	54년	서방선진국 : 120년
1989년 이전 건축	2,870,000		호 교체 필요 주택 2.70%
절대인구 감소	2030년부터	2010년부터	
경제활동인구 감소	2037년부터	1990년부터	
가구수 감소	2035년부터		
외국인 수요	253만 명 2005. 56만 명 → 2019. 253만 명 (4.5배)		
경제 성장율	약 3%	제로(Zero) 성장 경제적 식물국가	

출처 : 통계청, 2019 인구주택 총조사

이에 반해 일본은 총인구수 127,000,000명, 총가구수 53,403,000가구, 총주택수는 60,630,000호다. 하지만 주택 보급률은 113.50%로 우리나라보다 높다. 또한, 1,000명당 440호를 주택 완전공급상태로 보는데, 우리나라는 인구 1,000명당 320호로 부족한 반면, 일본은 476호로 주택 완전공급상태를 넘어섰다. 즉, 우리나라는 2,586,000호가 추가 필요한 주택수인데, 일본은 4,750,000호가 남아도는 주택인 것이다.

우리나라 총주택(빈집 포함) 중에서 30년 이상 된 주택은 267만 호(16.3%)이며, 20년 이상 주택은 716만호(43.8%)를 차지한다.

20~30년 이상 된 주택비율

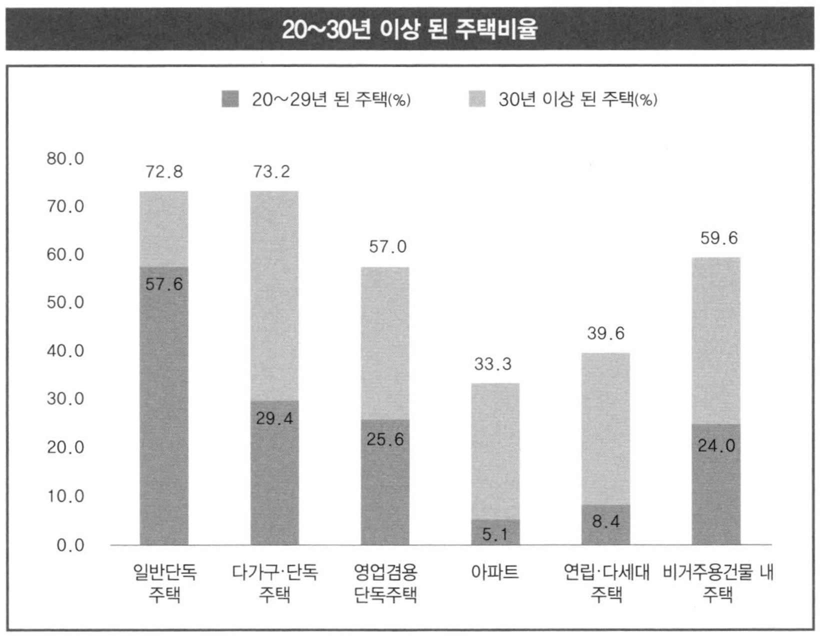

출처 : 통계청

우리나라 평균주택 교체수명은 27년이다. 이에 반해 일본의 주택 교체수명은 54년, 서방선진국은 120년으로 우리나라보다 월등히 길다.

다른 나라는 신규주택수가 그만큼 제한적이며, 우리나라는 20년 이상 노후된 주택비율이 60% 이상을 차지하고 있어 신규주택이 더욱 필요한 상황이다.

세계 주요국가별 자가주택 보급률을 살펴보자.

2020년 주요 국가별 자가주택 보급률(%)

싱가포르	노르웨이	스웨덴	EU	미국	일본	한국	홍콩
90.3	83.5	69.6	66.6	63.4	61.9	53.6	51

출처 : 부동산 114

우리나라는 53.6%로, 90.3%인 싱가포르에는 한참 못 미치고, 선진국 평균인 65%에도 못 미친다.

주택 보급률이 우리보다 높은 일본은 자가주택 보급률이 61.9%다. 과거 일본이 3%의 자가 보급률을 올리는 데 10년이 소요되었다. 이에 우리나라가 선진국 평균에 도달하려면 족히 15~20년이 소요될 것으로 전망된다.

우리나라 주택 가격이 빠른 시간에 너무 많이 올랐다고 걱정하시는 분들이 있는데, 이는 옆 나라로 눈을 조금만 넓혀 보면 괜한 기우였음을 알아차릴 수 있을 것이다.

주요국가별 주택 가격 상승률(2011~2020년, 10년간 : %)

홍콩	스웨덴	노르웨이	멕시코	오스트리아	인도네시아	중국	마케도니아	영국	한국
220	64	57	52	52	51	40	26	26	25

■ ⇨ 저성장, 고령화, 고도선진국가

출처 : 부동산 114

2011~2020년까지 과거 10년간 주요 국가별 주택 가격 상승률을 보면 우리나라는 25%다. 영국, 중국, 오스트리아, 노르웨이, 스웨덴, 홍콩을 보면 적게는 비슷한 수치부터 많게는 10배 가까이 높은 주택 가격 상승률을 보인다. 저성장 고령화 고도선진국가의 대명사인 스웨덴조차도 우리나라의 두 배가 넘는 수치다.

아직도 우리나라 집값만 너무 많이 올랐다고 생각이 드는가? 내가 가진 돈보다 집값이 비싸다며 거품이라고 비판만 하지 말고 냉정히 현실을 직시해 주변 세계로 눈을 돌려보자. 글로벌 시대다. 우물 안 개구리를 벗어나야 비로소 돈이 들어온다.

현재는 투자 시기가 끝났다?

tvN에서 방송한 〈응답하라 1988〉이라는 드라마가 인기를 끌었다. 당시 5,000만 원인 은마 아파트 몇 채를 사뒀다면 40배가 오른 지금은 상당한 부자의 대열에 들었을 것이라고 후회하는 사람부터, 그 당시에 살던 사람들은 쉽게 돈을 벌 수 있었는데 현재는 투자 시기가 끝났다고 한탄하는 반응까지 나온다. 만약 타임머신이 있어 과거로 갈 수 있다면 누구나 은마 아파트를 몇 채 사려고 할 것이다. 그런데 그 당시 사람들은 왜 은마 아파트를 사지 않았을까?

많은 사람이 착각하는 것 중 하나는 집값이 과거에는 저평가되었고, 현재는 고평가되었다고 생각하는 것이다. 하지만 그렇지는 않다. 과거에도 집을 사기에는 그 당시 소득 수준에 비춰 상당히 어려운 결정이었을 것이다. 과거의 사람들이 집값이 내려가는 것에 대한 공포심이 없었던 것은 아니다. 우리가 과거에는 쉽게 재테크를 했고, 쉽게 돈을 벌었다고 착각하는 것은 현재의 시세를 알고 있기 때문이다.

은마 아파트는 1980년 1월 분양 당시 평당 68만 원으로, 31평의 경우 1,847만 원이었다. 당시 허허벌판에 서 있었던 은마 아파트는 곧바로 올라 3,000만 원이 되었다. 사람들은 이런 가격을 거품이라고 이야기했다. 하지만 또 조금 후에는 5,000만 원이 되었다. 이번에도 모든 사람이 거품이라고 이야기했다. 조금 지나자 1억 원이 되었다. 이쯤 되자, 사람들은 모두 입에 거품을 물고는 "이제는 곧 거품이 꺼질 거다"라고 이야기했다. 하지만 2억 원이 되었고, IMF가 오면서 1억 5,000만 원으로 내려가면서 거품이 꺼질 듯하더니, IMF가 끝나기 무섭게 다시 2억 원으로 올랐다. 그리고 1년도 안 되어 3억 원이 되었다.

또 조금 지나자 5억 원이 되었고, 사람들이 거품이라고 떠들자 다시 9억 원이 되었다. 정부에서 수많은 규제를 내놓으면서 아파트값을 잠재우려고 했지만, 이를 비웃기라도 하듯 22억 원까지 치솟았다. 그러면 과연 은마 아파트의 가격은 지금도 거품일까? 아니면 지금까지 그래 왔듯이 다시 더 오를까?

아파트 가격 결정에는 수요공급의 법칙만이 있을 뿐!

'가격은 수요와 공급으로 결정된다'라는 사실은 자본주의의 시장 경제를 지배하는 매우 평범한 진리다. 너무나 평범한 진리를 대부분의 사람들은 외면하고 있다. 은마 아파트가 22억 원까지 올랐던 것은 수요가 있었기 때문이다. 이것을 수요로 인정하지 않는 사람들은 "거품이다", "투기다", "가수요다"라고 말하며 수요공급의 법칙을 무시했다.

미술 경매를 통해 살펴보자. 세계 미술 경매 사상 최고금액으로 낙찰된 작품은 한화 1,968억 원에 낙찰된 피카소(Picasso)의 유화 〈알제의 여인들〉과 1,549억 원에 낙찰된 자코메티(Giacometti)의 〈손가락으로 가리키는 남자〉 청동상이다. 어떤 원인이 이렇게 높은 낙찰가를 기록하게 하는 것일까? 이 낙찰가가 거품일까?

가격은 수요공급의 법칙으로 결정된다. 수요는 많은데 공급이 한 점밖에 없으니 가격이 올라가는 것이다. 두 분 다 사망하신 분이라 더 이상 작품이 나올 수도 없다. 계속 필요로 하는 인간의 욕망이 있는 한 값은 계속 올라간다. 천재적인 작가가 살아생전에 남긴 작품이 얼마 없을수록 가치는 더욱 높아지는 것이다.

투자 시기가 끝났다는 말은 과거에도 있었다. 현재에도 있고, 미래에도 있을 것이다. 하지만 물가 상승, 인플레이션, 정부 정책 등을 고려했을 때 부동산은 지속해서 상승할 것이다. 기존 부자가 부동산을 싹쓸이해서 이제 투자할 곳이 없을까? 부동산 부자가 천년만년 사는 게 아니고 죽어서 가져갈 수 있는 것도 아니다. 수명은 한정되어 있고, 모두가 이 땅에 두고 가므로 후손에게도 투자와 기회는 항상 존재한다. 언론에서 떠드는 '부동산이 고점이다', '역전세가 올 것이다', '매매가격이 하락할 것'이라며 위기론을 조장하는 분위기에 속지 말자.

부동산으로 자금이 쏠리는 현상이 가중되면 대기업의 주 회사인 예금, 주식, 보험, 채권 등 금융권은 수익률 저하로 불이익을 받을 수밖에 없다. 이에 끊임없이 언론을 통해 부동산에 관한 악평을 쏟아내 금융으로 돈이 돌아오게 하는 것이다. 우리는 현실을 냉정히 판단해 무엇이 옳

은지, 그른지를 판단해야 한다. 언론에 속아 줏대 없이 군중 심리에 무작정 휩쓸리지 말고 남들과 다르게 생각하는 역발상을 터득해보자.

사람들은 동일한 사상과 메시지를 약 30번 이상만 들으면 '집단최면'에 걸릴 수 있다. 수백 번, 수천 번 부동산 관련 부정적 메시지를 들은 독자는 '부정적 부동산 논리'라는 '집단최면'에 걸린다.

빨리 깨어나서 아파트 갭 투자에 도전하시기를 바란다.

부자가 되고 싶은데 현재 돈이 없다는 건 핑계다

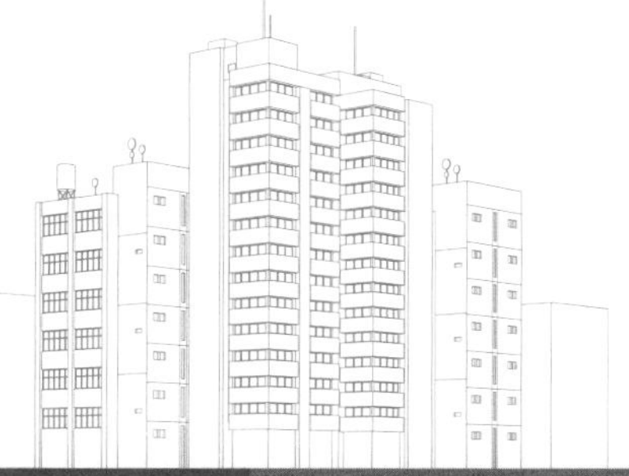

부자 마인드가 중요하다

'돈이 있고 없음'이라는 결과는 무엇을 원인으로 하는가. 그것은 마인드의 차이다. 부자·빈자(貧者)·중산층은 각기 마인드가 다르다. 마인드가 다르기에 지닌 돈의 양이 다르다. 부자와 빈자의 중간인 중산층은 부자와 빈자의 생각을 혼합형으로 골고루 갖고 있다.

부자는 특유의 마인드가 있다. 부자의 공통점은 돈이 많다는 것과 부자 마인드가 있다는 것이다. 부자가 되려면 부자 마인드를 흉내내야 한다. 부자가 되려면 지금까지 나를 가난하게 만든 마인드를 버려야 한다. '나는 절대 부자가 될 수 없다, 부자가 될 필요도 없다'라는 생각을 버려라. 부자가 되고 싶다면, 부자로 살고 싶다면, 부자가 되겠다는 마음부터 먹어라. 작심삼일로 흐지부지되는 마음이 아닌 강한 마음을 먹어야 한다. 1년 365일 꾸준히 그 마음을 지닐 수 있도록 시스템을 만들고 마음이 약해질 때마다 다잡을 수 있는 계기들을 만들어라. 부자는 가치와 시간을 소중히 여기며 좋은 일을 기대하고 남을 어떻게 도울지 생각하는 반면, 빈자는 가치와 시간을 소홀히 여기며, 나쁜 일을 걱정하고 남이 나에게 무엇을 해주기를 바란다. 부자는 항상 의식이 깨어 있고 분명한 목표가 있으며 긍정적인 사고방식을 갖고 있으나 빈자는 그때그때 반사적으로 반응하며, 되는 대로 살고 부정적인 사고방식을 갖는다. 부자는 자신이 좋아하는 일을 하지만 빈자는 돈만을 위해서 일을 한다.

미국의 대통령이었고, 대부호인 도널드 트럼프는 "부자가 되기 위한 첫째 조건은 당신이 하는 일을 사랑하는 것이다. 사랑이야말로 이윤을 얻기 위해 필요한 에너지를 가져오기 때문이다. 어떤 일이든 사랑이라는 열정만 있으면 90%는 해결된다"라고 말했다.

타인의 성공을 기뻐하며 배울 점을 찾는 부자의 마인드와 달리 빈자는 타인의 성공이 배가 아프다. 성공에 대한 갈망은 있기에 빈자는 기적을 바란다. 로또 당첨이나 자신에게 기적 같은 일이 일어나서 누군가 또는 어떤 외부 요인에 의해 저절로 부자가 될 것이라고 믿는다. 하지만 현실에서 그런 기적은 평생 기다려도 오지 않을 것이다. 부자들은 그런 기적은 절대 일어나지 않는다는 것을 잘 알고 있다. 설사 그런 일이 언젠가 일어난다 해도 마냥 기다리지 않는다. 자신의 인생을 구원하는 방법은 스스로 노력하는 수밖에 없다. 그래서 부자들은 책임감이 강하다. 모든 상황을 기회로 만들고 그 기회를 잡으려고 노력한다.

기적은 없다. 감나무 아래에서 입 벌리며 감 떨어지기만을 기다리는 어리석은 자가 되지 말자.

야망과 결단이 필요하다

야망(野望)은 무언가를 크게 이루어보겠다는 희망이다. 야망은 꿈과는 다소 다르다. 꿈보다는 비보편적이지만 그 간절한 정도는 꿈보다 크다. '야망이 큰 사람'의 모습을 떠올려보면 아주 의지가 강하고 결단력 있는 사람이 상상될 것이다.

꿈은 누구나 꿀 수 있다. 하지만 그것을 반드시 성취하겠다는 야망은 누구나 가진 것이 아니다. 즉 원대한 꿈을 성취하겠다는 야망이 더해지면 큰 힘이 생겨난다. 야망 자체가 높은 가능성을 열어주는 것이다. 야망이 크다는 것은 갈망하는 욕망이 그 어떤 사람보다 크다는 의미이기 때문에 그만큼 행동력도 향상되며, 무엇보다 자신의 목표를 향해 그 누구보다 발 빠르게 나아가게 된다.

당신의 5가지 목표가 무엇인가? 지금 한번 적어보기 바란다. 망설임 없이 바로 5가지를 적을 수 있는가? 그럼 당신은 이미 성공대열에 오른 것이다.

대부분 사람은 쉽게 적어나가지 못한다. 1~2개 적고 그다음부터는 생각이 나지 않는다. 적기 어려울수록 평소 목표가 없었다는 뜻이다. 목표가 없으니 야망도 없는 것이다. 목표란 구체적이고 숫자로 표현·측정 가능하며 마감기한이 있어야 한다. 최종 목표는 크고 대담한 목표여야 하며, 시작은 작을수록 성취가 빠르다.

앞에서 자신의 무게 1.5배를 넘어뜨리는 '도미노의 성장 효과'를 보지 않았는가!

❙ 킹핀 전략

킹핀(King pin)이란 10개의 볼링핀에서 5번째 핀을 말하는 것으로, 10개의 핀 모두를 쓰러뜨리기 위해 목표로 삼아야 하는 핀을 말한다. 인도네시아나 아마존 밀림에서 벌목한 나무를 강물에 띄워 하류로 보내면 나무가 강물을 따라 흘러가다가 굽이치는 곳에서 엉켜 움직이지 않는다. 그때 나무들을 엉키게 만든 원인이 되는 나무를 '킹핀'이라고 부른다. 이 나무에만 손을 대주면 수많은 나무가 순조롭게 흘러간다고 한다. 볼링 게임으로 말하면 하나를 쓰러뜨리면 핀 10개가 모두 쓰러지는 5번 핀이 바로 킹핀이다. 보통 사람들은 이것을 급소라고도 하고, 문제의 핵심이라고도 한다.

우리나라 속담에 '열 재주 가진 놈이 밥 굶는다'라는 말이 있다. 이 말은 10가지 일을 하려다 보니 집중할 수 없고, 집중하지 못하니 그만큼 좋은 성과를 내기 어렵다는 의미다.

부동산, 주식, 금융, 보험, 채권 등 세상에 재테크 방법은 많다. 나도 젊은 시절부터 여러 가지 재테크를 두루 해봤다. 손해를 본 것도 있고, 조금의 이익을 얻은 것도 있다. 최종적으로 내가 갭 투자를 하면서 느낀 점은 내가 좀 더 빨리 이 방법을 알고 여기에만 몰입했다면, 지금은 수천 채의 집을 가졌을 거라는 점이다. 기존 재테크 방법에 비해 쉽고 빠르고 저절로 돈을 벌어주는 형태이기 때문이다.

주력상품을 내세워야 한다. 상위 20%가 하위 80%를 지배한다는 파레토의 법칙 알지 않은가! 대기업도 마찬가지다. 핵심 제품 20%가 나머지 80%를 먹여 살린다.

나의 주력 재테크는 무엇인가. 이 투자 하나만 있으면 나를 부자로 만들어줄 킹핀이 무엇인지 고민해보라.

방법은 많은데 실행력이 약하다

보통 사람들은 부자가 되는 습관이나 기술을 알더라도 실행하지 않는 경우가 대부분이다. 투자하다가 전 재산이 날아갈까 두려워 리스크에 중점을 두고 투자 여부를 결정하므로 쉽게 저지르지 못한다. 리스크를 10가지, 아니 100가지를 들먹이며 투자하기를 주저한다. 반면 부자들은 리스크를 감수할 만한 미래가치만 있다면 과감하게 투자한다. 이처럼 보통 사람은 떨어지는 반면, 부자는 무서운 추진력과 집중력으로 투자 실행력이 높다. 보통 사람은 선입견과 고정관념에서 벗어나지 못하며 변화를 두려워한다. 따라서 매일 부자가 되는 공부도 게을리한다.

새해가 되면 비장한 결심을 하는 사람들이 부쩍 늘어난다. 금연, 다이어트, 자기계발을 결심하지만 대부분 작심삼일이다. 좋은 성과를 내는 사람은 실행력과 추진력이 뛰어나다는 공통점을 가지고 있다.

결심만 하고 실천하지 못하는 사람은 의지가 약하다. 핑계가 많다고 할 수 있으나 결정적으로 실행력이 약한 것이다. 세상에는 성공하는 사람, 그럭저럭 사는 사람, 실패하는 사람이 있다. 성공하고 실패하는 데는 여러 가지 이유가 있겠지만 가장 중요한 것은 실행력이다. 시도해보지 않으면 아무 일도 일어나지 않는다. 궁즉통(窮卽通)이라고 했다. 그만큼 절실하게 생각하고 행동해야 궁극적으로 부자가 될 수 있다.

멘토가 없다

행복한 부자가 되기 위해서 부자들은 한 명 이상의 멘토를 보유하고 있지만, 보통 사람은 대부분 멘토가 없다. 멘토로는 선배, 동료와 부동산 전문가(실제 투자를 하는 실전 전문가를 말함)가 있을 수 있다.

또, 책 등으로 유명한 인물이 멘토 역할을 할 수 있다. 그 밖에 부모, 조부모나 배우자, 친척, 친구들이 멘토 역할을 할 수 있다. 보통 사람은 멘토가 없고, 찾기도 힘들다고 한다. 이는 부자가 되는 법을 아직 배우고 싶지 않기 때문에 멘토가 나타나지 않는다고 보면 된다. 진정으로 멘토가 필요하다면 여러분 앞에 나타날 것이다. 과거, 현재 상황이나 처지에 머무를 것이 아니라 미래를 봐야 한다. 멘토의 삶을 보고 배우려고 노력해야 한다.

전세를 월세로

갭 투자를 전파하면서 많이 듣는 질문이 돈이 없다는 것이다. 좋은 투자법인 것은 알겠는데 당장 가진 여윳돈이 없다는 것이다. 하지만 내가 볼 때 돈이 없는 사람은 없다.

앞에서 언급한 대로 대출을 활용한 레버리지 효과를 누리면 된다. 담보물을 잡고 대출을 실행하는 담보대출과 고객의 신용도를 판단해 실행하는 신용대출이 있다. 여기에 적절히 마이너스 통장을 이용하면 된다. 현재 전세를 살고 계신 분들이 있다. 평균 전세금은 1~3억 원인데, 이 돈을 그대로 누르고 사는 것을 보면 안타까울 때가 있다. 얼마든지 크게 튀어 오를 수 있는 용수철을 전세금이란 무거운 돌로 눌러 놓은 듯한 느낌이 든다. 이 전세를 월세로 전환하면 수중에 목돈이 주어진다. 이 돈을 갭 투자로 활용하면 큰 효과를 누릴 수 있다. 전세를 그대로 산다면 2년 후에는 전세금을 인상해줘야 할 뿐 아니라 인플레이션,

화폐가치 하락을 고려하면 전세금을 지키는 것이 아닌 손해를 보는 것이다. 전세를 월세로 전환하면 전세금에 따라 다르지만 보통 1~2채 이상의 아파트를 구입할 수 있는데, 이는 2년 후에 인상된 전세금으로 재투자를 이어나가니 황금알을 낳는 거위가 따로 없다.

투자는 '힘들게 번 소중한 돈을 통화가치 하락으로부터 지키는 행위'라고 할 수 있다. 경제규모가 커질수록 통화량은 비례해 증가한다. 돈의 가치가 급격히 떨어지는 상황에서는 현금보다 현물자산을 가지고 있는 것이 유리하다. 부자들은 시중에 통화량이 증가하면 채권을 비롯한 돈의 가치는 하락하고, 현물자산의 가치는 상승한다는 것을 잘 알고 있다. 반면 대부분 사람은 경기가 좋지 않고 미래가 불안할수록 현금을 보유하려는 심리가 강하다. 가지고 있는 돈의 가치가 계속 하락하는 것을 모른 채 열심히 돈을 모으지만, 시간이 지난 후 물가가 상승하고 집을 사려고 하면 집값은 이미 더 높이 올라가 있다. 그렇게 점점 부자와 멀어지는 것이다.

부자에 가까이 다가갈 것인가, 멀어질 것인가! 선택은 당신 몫이다.

시간에 따른 자산의 양극화

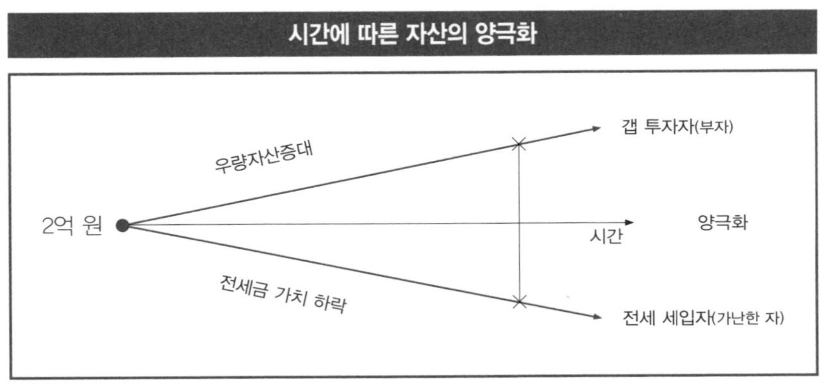

초기 종잣돈 5,000만 원부터 1억 원을 모아라

비행기가 이륙할 때 전체 연료의 50%를 소모한다고 한다. 이륙할 때 엔진은 중력을 극복하기 위해 전부 가동되며, 이 힘 덕분에 비행기가 하늘로 높이 날아오를 수 있게 된다. 일단 이륙에 성공하면 목적지까지는 비교적 적은 양의 연료를 소모해가며 순항할 수 있게 된다.

비행기를 이륙시키는 일은 초기 종잣돈 모으기와 올바른 투자관 정립에 해당하는 과정인데, 이 과정을 성공적으로 마친다면 이후 두 번째, 세 번째 비행기 띄우는 일은 한결 쉬워지며 이후 과정은 비교적 순탄하게 흘러간다.

하루라도 빨리 종잣돈을 모으고 일찍 투자를 시작해야 하는 이유다. 대부분의 사람이 부자가 되지 못하는 이유는 이 종잣돈을 만드는 과정이 지루하고 힘들며 재미없기 때문이다. 하지만 주위의 부자들을 보면 대부분 초기에는 종잣돈 만들기에 집중한다. 이 종잣돈이 눈이 구르듯 점점 커져서 큰 자산으로 변하는 것이다.

복권에 당첨된 사람은 금방 재산을 탕진하지만, 자신의 힘으로 밑바닥부터 자산을 일군 사람들은 그 노하우가 몸에 배어 있어서 자산이 쉽게 없어지지 않는다. 오히려 해가 거듭될수록 눈덩이처럼 불어나는 경우가 많다.

첫 종잣돈을 모을 때 가장 중요한 덕목은 '절약'이라고 생각한다. 돈이 없었을 때의 소비습관은 큰돈을 만질 때도 그대로 이어진다. 절약하는 습관이 없으면, 의미 있는 규모의 종잣돈을 만들기도 전에 돈이 다 빠져나가버린다. 요즘 사회 초년생 중에는 1억 원, 아니 5,000만 원도 모으기 전에 원하는 것을 사기 위해 자신의 연봉을 다 쏟아붓는 경우를 많이 본다. 사람마다 자신만의 가치관이 있기에 그들의 소비 패턴에 대해서 내가 굳이 뭐라 하고 싶지는 않다. 하지만 자신이 가진 종잣돈이 언젠가는 '황금알을 낳는 거위'가 될 수 있을 것이라는 사실을 망각하고, 거위의 배를 마구 갈라버리는 일이 자주 행해지고 있어서 그저 안타까울 따름이다.

소형아파트도 투자하지 못하면 빌딩주인이 될 생각은 집어치워라

투자에서 중요한 건 두려움과 욕심을 적절하게 조절하는 것이다. 두려움과 욕심은 어떤 방식으로 투자하든 초보 투자가와 투자 대가를 구분 짓는 기준이 된다.

주식 시장의 예를 보자. 일반인은 시장이 완연한 상승세가 된 것을 확인하고서야 마음속에서 투자에 대한 욕심이 끓어오른다. 그러한 시장에서 마구 사들이기 시작한다. 이렇게 일반인이 사들이기 시작하면 시장은 하락세로 돌아선다. 그렇게 시장이 하락세로 흘러가면 사람들의 마음속에선 '자칫 모두 잃을 수도 있다'라는 두려움이 커지기 시작한다. 그 두려움을 견디지 못하고 샀던 것을 파는 이들이 대부분이다. 물론 이들이 이렇게 팔고 나면 시장은 다시 상승세로 돌아선다. 결국, 투자 시장에서 욕심과 두려움이 이 같은 결과를 만드는 것이다.

투자의 대가 워런 버핏(Warren Buffett)은 "남들이 욕심을 낼 때 두려워하고, 두려워할 때 욕심을 내라"는 말을 했다. 그리고 그 말을 그대로 실천했다. 2008년 세계 금융위기 때 뱅크 오브 아메리카(BOA)와 골드만삭스 등 위기를 겪고 있던 금융사 여섯 곳에 투자해 100억 달러의 수익을 냈다. 일반인들은 거의 모든 경우 두려움이 욕심을 이긴다. 두려움이 욕심을 이길 때 투자에서 흔히 나타나는 결과는 3가지다.

첫 번째, 논리적 분석을 통해 부동산 시장에 투자했다. 그런데 투자 후 아주 미세한 시장 하향세가 나타나기 시작했다. 두려움을 이길 수 있는 투자자라면 '왜 이 같은 하향세가 등장했는지'를 분석하고 '하향세는 아주 일시적 현상'으로 결론 내린 후 기다린다. 반면 두려움을 이길 수 없는 투자자는 아주 작은 손실에도 갖고 있던 것을 판다. 물론 이후 시장은 상향세로 돌아선다.

두 번째, 아주 작은 수익이 나고 있다. 머릿속에서는 더 많은 수익이 날 수 있다는 가능성을 알고 있다. 하지만 이미 얻은 적은 수익을 혹시라도 잃을까 봐 겁이 나 갖고 있던 부동산을 팔아버린다.

세 번째, 논리적 분석을 통해 '시장이 상승세로 갈 것'으로 이해했다. 하지만 시장이 두려워 결국 아무것도 안 하는 경우다.

언제부터인가 세상이 자신의 삶을 위협하는 것으로 인식되기 시작했다. IMF 경제위기 이후 경제에 대한 두려움이 사회적으로 몹시 커졌다. 내 삶이 외부적 환경 변화로 위기에 처할 수 있다는 사실을 체험적으로 알게 된 것이다. 그 결과 대학생들은 정년이 보장되는 공무원 시험으로 몰리기 시작했으며, 사람들의 관심은 경제적 안정을 확보할 수 있는 재테크로 쏠리게 되었다. 특히 평균 수명이 점차 길어지면서 노후에 대한 두려움도 커지고 있는 게 사회적 현실이다.

사람들은 흔히 경제적 발전에도 불구하고 사회가 각박해지고 있다고 한다. '두려움'이 사회를 지배하고 있는 한 경제적 발전이 행복한 삶으로 이어질 수 없기 때문이다.

나는 투자에서 두려움은 실패의 주요한 원인이라고 생각한다. 두려움에 움직이지 못하는 것이다. 하지만 두려움에 소형아파트도 투자하지 못하면 빌딩주인이 될 생각은 집어치워라! 변화는 현대사회의 필수적인 조건이다. 변화가 없는 안정적인 시장이란 현대사회에서는 이룰 수 없는 환상에 가깝다고 할 수 있다. 변화는 불가피한 삶의 조건이기 때문에 현대사회에서는 변화에 대한 두려움을 통제할 수 있어야만 한다. 내 경험으로 보면 긍정적인 사람들이 부정적인 유형의 사람들보다 항상 투자에서 성공하는 경우가 많다.

두려움을 극복하기 위해서는 자신에 대한 신뢰를 가져야 한다. 투자에 있어 자기신뢰를 갖기 위해서는 사람들의 경험을 배우고 지식을 쌓아야 한다. 주체적인 자세로 변화에 대응하기 위해서는 투자의 성격을 제대로 이해해야 하고, 적절한 목표를 달성할 수 있는 자신의 능력을 계발해야 한다.

사람마다 새해가 되면 행복한 한 해를 설계한다. 누구나 행복한 한 해를 꿈꾸지만, 행복한 한 해를 만드는 것은 결국 자신의 몫이다. 내 삶을 풍요하게 만들기 위해 두려움에서 벗어나자.

부동산 가격 미래예측방법

어떤 재화든 시장에 인위적인 통제를 가하지 않는다면 재화의 시장 가격은 수요와 공급 원리에 의해 결정된다. 수요공급이론에서 가격이 상승하는 경우는 3가지다. 공급은 일정한데 수요가 증가하거나, 반대로 수요는 일정한데 공급이 감소하는 경우, 그리고 수요 증가와 공급 감소가 동시에 일어나는 경우다.

홍콩, 뉴욕, 파리, 싱가포르, 도쿄… 전 세계의 주요 도시들이 이미 천문학적인 부동산 가격을 형성하고 있다. 인플레이션과 매년 상승하는 통화량 때문에 부동산 가격은 하루가 다르게 치솟는다. 저 많은 돈을 주고 누가 구입할까 싶은가? 누군가는 천문학적인 비용을 지불하고 부동산을 구입한다.

글로벌 금융회사가 모여 있는 홍콩은 외국인이 거주하기에 가장 비싼 도시로 손꼽힌다. 미국 컨설팅업체 머서는 '2015 해외주재원 생계비(Cost of Living)' 조사 결과를 발표했는데, 외국인이 살기에 가장 비싼 도시 1위인 홍콩은 방 3개짜리 집 월세가 1만 2,077달러(약 1,483만 원)였다. 이 조사에서 서울은 15위를 기록했다. 2015년 6월 홍콩섬 미드레벨 지역의 고급 아파트 판매가가 평당 5억 원을 돌파한 데 이어 12월에는 인근 아파트 1채가 평당 5억 5,000만 원에 팔리는 등 아시아 최고가 아파트 기록을 잇달아 경신했다. 20평만 잡아도 집 1채에 100억 원이 넘는 가격이다.

아직도 서울의 집값이 비싸고, 거품이며, 정점이라서 더는 상승하기 어렵다고 생각한다면 외국에 한번 나가서 실감하길 바란다.

이번엔 전세가격을 알아보자. 전세가격 상승은 수요 증가와 공급 감소가 동시에 작용한 결과다. 전세 공급이 줄어드는 이유는 우선 전세를 놨던 집주인들이 월세나 반전세로 전환하면서 전세 공급이 축소되고 있기 때문이다. 저금리 기조가 지속하면서 집주인들이 전세금이라는 목돈을 굴릴 마땅한 투자처를 찾기가 힘들게 되자 이를 월세로 돌려 고정수입을 늘리는 것이 낫다고 판단하는 것이다. 또한, 베이비부머 세대가 본격 은퇴함에 따라 생활비 충당을 위해 전세를 월세로 돌리는 이들도 많다. 이렇게 전세물량이 줄어드는 사회현상은 전세로만 임대를 놓는 갭 투자자에게 유리한 조건이다. 전세물량이 많지 않으니 전세금도 상승하고 전세도 바로 나간다.

물론 이런 지속적인 상승 여건을 갖춘 지역을 골라서 투자한다는 것은 앞에서 누누이 말씀드렸다.

▍미래에 대한 통계적 접근

동서고금을 막론하고 사람들은 미래의 길흉화복을 몹시 알고 싶어 한다. 동양에서는 주역(周易)을 바탕으로 운세를 점쳐왔다. 반면, 서양에서는 하늘의 무수한 별들을 구획 정리해놓은 80개의 별자리 중 태양이 지나가는 길과 겹치는 12개의 별자리를 기본으로 하는 점성술이 운세를 점치는 데 주로 이용되었다. 그러나 위에서 살펴본 점복술과 점성술을 과학적으로 증명할 수 있을까? 설사 맞을 때가 있다 하더라도 그것은 단지 우연의 일치로 봐야 하지 않을까 하는 생각이 든다.

인간 세계는 기계적 순환을 거듭하는 자연현상과는 달리 통제할 수 없는 수많은 변수에 의해 변화하므로 그 미래를 정확히 예측하기는 거의 불가능하다. 그러면 미래는 과학적인 근거를 바탕으로 전혀 예측할 수 없는 것인가? 그렇지는 않다고 본다. 통계를 잘만 활용하면 나름대로 과학적 근거를 바탕으로 한 미래예측을 할 수 있다. 통계에서는 4가지 예측방법이 많이 사용된다.

첫 번째는 손쉽게 많이 이용하는 방법으로 부동산 가격 상승률을 이용하는 것인데, 예를 들어 오늘 얼마에 부동산을 구입했다면 가장 실현 가능한 상승기대율을 추정하고, 원구매가와 개량비용을 적용해 미래의 가치를 예측할 수 있다.

두 번째는 어떤 현상에 대해 영향을 미치는 요소를 살펴보는 분해 법인데, 통계청의 경기종합지수와 장래추계인구가 이 방법으로 만들어지고 있다.

세 번째는 과거 자료를 이용해 추세선을 만들어보는 것인데 주가지

수가 주로 이 방법에 따라 작성된다.

네 번째는 회귀분석방법인데, 여러 개의 방정식으로 구성된 계량경제 모델을 만들어 경제 성장 예측을 하는 것이 대표적인 적용사례가 된다.

부동산 가격은 매년 상승곡선을 그린다. 현재도 올랐지만 향후 10년, 20년 후에는 지금과 상상도 할 수 없을 정도로 엄청난 가격 상승이 있을 것이다.

미래가격을 예측하는 데 필수적으로 실천해야 할 일이 있다. 바로 지역별 핵심 지구를 6개월마다 기록하는 것이다. 마라톤에 선발주자와 후발주자가 있듯이 이미 오른 지역이 있으면 뒤이어 오르는 지역이 반드시 존재한다.

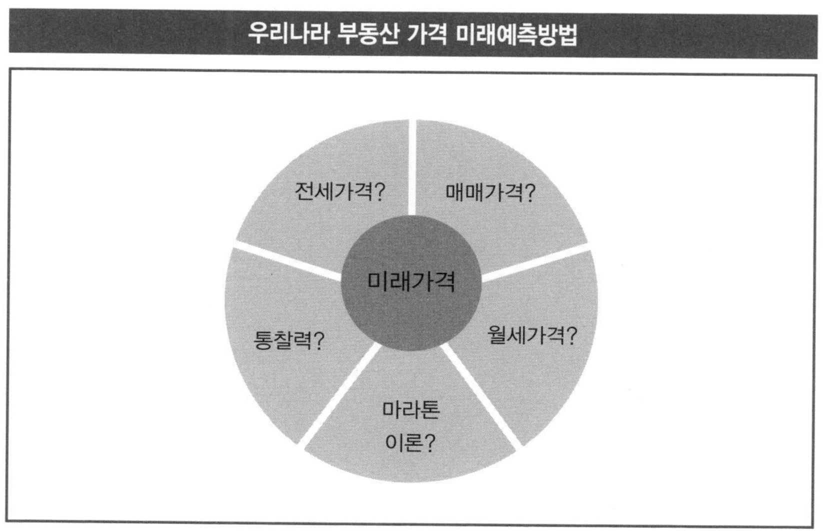

매매가격 · 전세가격 통찰력

매매가격 대비 전세가격 비율은 매입 및 향후 투자 가치를 가늠하는 중요한 지표다.

2015년 1월에 국토교통부가 발표한 내용을 보면 월세의 비중은

전국 아파트 30년간 매매가격 · 전세가격 상승 차트

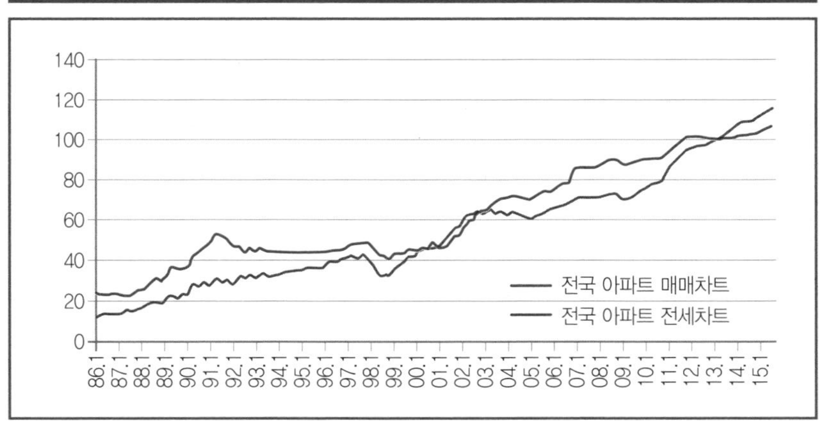

출처 : 부동산 114

2011년에는 33%였지만, 몇 년간 지속해서 올라 2014년 12월에는 40%까지 육박했다. 이는 전세를 월세로 전환한 비중이 늘어난 것으로, 전세물량이 감소했음을 뜻한다. 전세물량은 줄어들고 그로 인한 공급 부족으로 전세금 상승은 지속된다.

1997년 말 IMF 사태가 터진 직후에는 전세가격이 조정되기도 했다. 하지만 2년 후에는 원위치 되었다. 이처럼 전세가격은 국가 위난 시에는 일시적으로 변동이 있을 수 있지만 떨어져도 금방 회복되는 특징이 있다. 2009년 글로벌 금융위기 때에도 전세가격은 다소 조정되었지만, 다시 6개월 만에 회복했다. 매매가격은 경기변동에 따라 소폭 오르락내리락할 수는 있어도 전세가격은 물가 상승과 비례해서 꾸준히 올라가는 것이다.

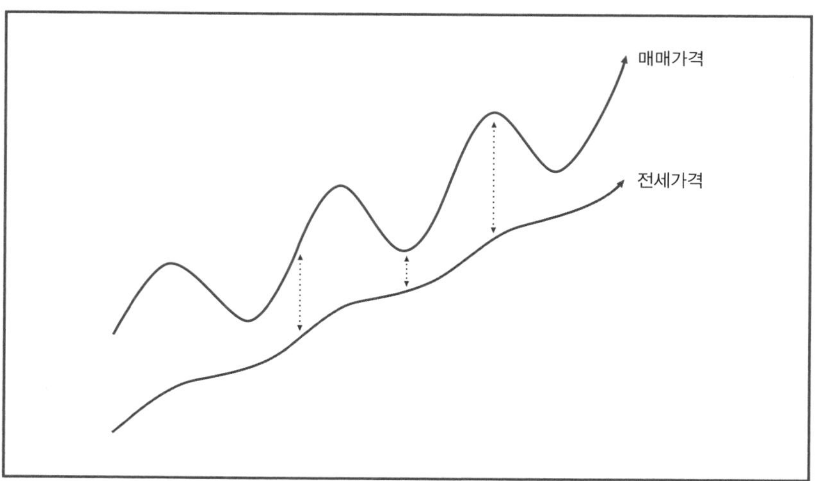

목적이 분명한 삶을 살라

사회는 빠르게 변화하고 있다. 베이비붐 세대, X세대, Y세대, 밀레니엄세대, 에코세대 등 세대마다 다른 이름이 붙는다.

기술을 쉽게 다루고 소셜 미디어를 십분 활용하는 지금 세대는 예전 세대보다 더 많은 선택과 기회가 열려 있다. 너무 많은 선택의 갈림길에서 나쁜 결정을 할까 봐 두려운 나머지 종종 '판단 마비' 상태가 되기도 한다. 인생은 짧고 세상일은 혼란스럽기 그지없다. 넘쳐나는 정보로 예전보다 집중하기가 어렵다. 또한, 하고 싶은 일은 많지만, 막상 할 수 있는 일은 한정되어 있다. 사람들은 조금만 기다리면 더 나은 선택을 할 수 있지 않을까 하는 생각에 결심하기를 두려워한다. 그렇게 기다리다가 결국은 아무것도 선택하지 못하게 된다. 이런 수동적인 상태에서 그들은 쉽게 한눈을 판다.

인간에게 주어진 선택은 절대적이며 독립적인 권리다. 지금의 내 모습과 위치도 과거의 무수한 선택의 결과이며, 미래의 내 모습도 현재 내가 어떤 행동을 선택하느냐에 따라 결정된다.

▎명확한 목표

목적이 있는 삶을 살아야 한다. 무엇을 해야 할지, 하지 말아야 할지를 명확히 알면 열정이 생긴다. 그렇지 않고 아무 생각 없이 손에 닿는 대로 일을 처리하면 바쁘게 뛰어다니기만 할 뿐 어느 것 하나 제대로 해결하기가 어렵다. 최고의 선택은 고민하는 시간에 비례하지 않는다.

목표가 명확하면 선택이 쉽다. 자신이 원하는 것을 아는 것은 어둠 속을 항해하는 선장에게 앞으로 나아가야 할 곳을 뚜렷이 알려주는 등대가 된다.

광활한 바다에서 고무보트를 타고 있다고 상상해보라. 사방을 둘러봐도 물결치는 파도밖에 보이지 않는다. 배에는 노가 있는데, 어느 방향으로 노를 젓겠는가? 사방이 어두워지고 있다. 이때 저 멀리 등대 빛이 보인다. 이제 어디로 가야 할지 알 것이다. 내가 본 등대가 동기와 목적을 부여하는 것이다. 분명한 목적의식이 없는 사람들은 표류하게 된다. 세상의 물결이 정하는 대로 휩쓸려 가는 것이다.

삶을 살아가는 데 있어 목표는 필수다. 또 목표가 있어야만 나아갈 수 있는 원동력이 생긴다. 목표를 세웠으면 즉시 실행에 옮기는 자세가 필요하다.

행동으로 옮겼어야 했을 때 한눈을 팔게 되는 경우가 아주 많았을 것이다. 컴퓨터 앞에 앉았는데 실시간 검색어 순위가 눈에 띄자 궁금한 마음에 눌러 본다. 관련 글을 읽다 보니 '절호의 기회'라는 광고 알림창이 뜬다. 문구에 혹해 알림창을 누르고 물건을 고르다 보니 애당초 왜 컴퓨터 앞에 앉았는지를 잊어버린다. 비즈니스 차 방문한 회사에서 옛 동료를 만난다. 반가운 마음에 이야기를 늘어놓다 업무 미팅 시간을 놓친다.

이렇듯 다른 것에 주의가 쏠리면 좋은 일을 하는 데 쏟을 수 있었던 시간을 낭비하게 된다. 집중하라! 집중할 수 있는 능력은 한눈을 팔지 않게 해준다. 집중은 목표를 이루는 핵심 키다. 부자가 되는 방법은 간단하다.

목표를 세워라. 집중해서 실행하라.

드림 빌딩, 꿈을 세우자!

코끼리가 태어났다. 사람들은 이 어린 코끼리를 데려다 사슬로 묶은 후 말뚝에 매어놓았다. 어린 코끼리는 사슬에서 벗어나려고 발버둥 쳐봤지만, 사슬을 끊거나 말뚝을 뽑을 힘이 없었다. 그래서 결국 안 될 것이라는 포기가 어린 코끼리 마음속 깊숙이 자리 잡게 되었다.

어린 코끼리는 어른 코끼리가 되었다. 몸집도 어마어마하게 커져 이제는 상상할 수 없는 엄청난 힘으로 사람도 태워 나르고 커다란 통나무도 거뜬히 운반한다. 그런데도 원래의 사슬과 말뚝에만 묶이면 꼼짝도 못 하고 얌전히 잡혀 있다. 현재의 몸은 충분히 성장해서 강력한 힘을 가졌음에도 불구하고 생각은 그대로 과거에 머무르고 있다. 그래서 사슬이 당기면 어렸을 때 내던 힘 이상으로는 더 이상 낼 수 없다.

나는 이것이 생각을 구속하는 덫이라 느낀다. 생각이 몸의 능력을 제대로 발휘하지 못하게 구속하는 것이다. 내가 금수저로 태어나지 못했으니 금수저가 될 수 없을까? 절대 그렇지 않다. 충분히 극복할 수 있다.

환경, 여건, 운명, 체질을 탓하며 꼼짝도 할 수 없다고 생각이 든다면 코끼리 사슬 증후군에 갇혀 있지 않은지 생각해봐야 한다. 현실의 익숙함에 쉽게 타협해버리는 습성에 내 안의 놀라운 능력이 있어도 이를 찾아내지 못하는 것이다.

우리나라의 상위 1% 보유자산은 부동산 25억 원, 현금 5억 원으로, 이는 부채를 제외한 순자산이 30억 원이며, 연평균 소득은 3억 9,000만 원이다. 나는 갭 투자를 통해 이 수익이 실현 가능하다고 확신한다. 또한, 나와 회원들의 사례를 통해 이 수익이 실현되고 있음을 몸소 체험하고 있다.

의식의 전환으로 평생 오르지 못할 것 같았던 상위 1% 슈퍼리치에 진입할 것인가, 아니면 지금처럼 세상과 현실을 탓하며 근근이 살 것인가! 선택은 본인의 몫이다. 움직이는 자가 성공을 쟁취한다.

도전은 두려운 법이다. 먼저 이 길을 간 선배들을 보며 두려움을 떨쳐보라. 사람들은 의문에 사로잡혀 확신을 갖지 못하고 두려움에 떨며 자신에게 타당하다고 생각하는 여러 핑계를 대며 행동에 옮기지 못한다. 이를 뛰어넘는 비범한 행동을 하는 사람은 통계학적으로 6%라고 한다. 94%의 평범한 존재 안에 묻혀 살 것인가, 내 삶을 개척하는 6%의 탁월한 존재로 살 것인가!

사슬에 발이 묶여 있는 어른 코끼리는 분명 사슬을 끊을 수 있다. 발끝에 힘을 주어라! 그리고 행동하라.

내가 갭 투자의 놀라운 수익률과 안정성에 대해 전파를 하니 어느 분이 나에게 이런 질문을 하신 적이 있다.

“이 좋은 투자법을 혼자 하면 되지, 왜 굳이 다른 사람에게 알려주나요?”

나는 나 혼자가 아닌 우리 모두가 잘 먹고 잘살았으면 한다. 수도권의 우량 소형아파트의 모든 물량을 나 혼자서 갭 투자할 수 있는 것이 아니다. 자본은 한정적인데, 좋은 물량은 많다. 나는 이를 많은 분에게 전하고 싶다. 돈 벌기 힘든 세상에서 자본주의의 원리만 깨우치면 알아서 돈이 벌리는 이런 획기적인 방법이 있다는 것을 말씀드리고 싶다. 각각 1달러씩 가진 사람이 있다. 남이 나에게 1달러를 주면 단 한 명만이 2달러를 가지게 된다. 하지만 내가 가진 아이디어와 남이 가진 아이디어를 공유하면 우리는 모두 2달러를 가질 수 있다.

교육과 컨설팅 - 관점을 바꾸고 용기를 갖는 힘!

부동산이라고 하면 부동산 총론, 부동산 각론, 우리나라만의 특수성, 우리나라의 과거·현재·미래, 그리고 나머지 의문점들의 해결로 정리할 수 있다. 하나의 의문점을 들어보자면 50살이 되도록 대한민국의 50%가 집 1채를 못 산다는 것이다.

왜 그럴까? 다들 폭락론, 상투론, 인구 감소론, 5년 뒤 반토막 등 이런저런 말들에 세뇌되어버린다. 따라서 이 의문을 풀기 위해서는 관점을 바꿔야 한다. 바로 이것이 교육과 컨설팅의 가치다. 관점을 변화시키고 용기를 갖게 하는 것이다. 세상을 정확히 못 보기 때문에 실패하는 것이다. 엄청난 통찰력과 지혜와 지식을 갖추고서 세상을 바라봐야 한다. 현재 내가 가난하다고 하더라도 부자의 관점에서 세상을 대해야 한다. 시간당 채산표를 한번 보자. 시간당 채산표란, 매출에서 경비를 뺀 총부가가치를 총투입시간으로 나눈 것으로 보통 사람들은 시간당 1,000원에서 만 원 정도 번다. 당연히 가난하다. 따라서 효율성, 즉 채산성을 높여야 한다.

나는 주택임대사업을 통해 정신적·물질적으로 행복한 부자 가정을 만들어 당대에 가난을 끊고 주거문화 향상에 이바지한다는 미션과 주택, 상가(빌딩)임대사업 시스템을 구축한다는 비전을 갖고 있다. 물론 도미노의 성장 효과에서 봤듯 첫 목표는 본인이 이룰 수 있는 지향점으로 삼는 것이 좋다. 목표란 구체적이고 숫자로 측정 가능하며, 마감이 가능해야 한다. 마감이 없는 목표는 꿈에 가깝다. 통계학적으로 보통 30%의 성공을 이룬다고 한다. 10억 원을 목표로 삼으면 3억 원을 이루고, 100억 원을 목표로 삼으면 30억 원을 이뤄내는 것이다. 그래서 나는 목표를 크게 세우라고 말한다. 내 목표가 어디냐에 따라 이뤄내는 성과가 다른 것이다.

나는 이 책을 통해 수도권 소형우량아파트를 통한 갭 투자가 얼마나 수익성이 좋은지, 얼마나 비전이 확실한지를 설명했다. 1차 목표 소형아파트 3~12채, 2차 목표 상가(빌딩) 2채를 삼아라. 거창해 보이는가? 불가능해 보이는가? 실제 단기간에 이 목표를 이룬 회원들이 많이 있다. 부러워만 할 것인가? 나는 못 할 것 같은가? 그렇다면 당장 나를 묶고 있는 선입견과 고정관념, 두려움부터 극복해보자. 경제적 자유가 없으면 시간적 자유가 불가능하고, 이는 사실상의 자유가 불가능하다는 의미다.

자유를 누리고 싶은가? 그럼 경제적 자유를 얻어라. 나는 경제적 자유를 얻을 기회를 이 책을 통해 충분히 설명했다. 몇 년 후 당신이 부자가 되어 있을지, 그렇지 않을지는 당신이 실행했느냐, 그렇지 않았느냐의 차이로 나뉠 것이다.

부동산 투자 Q&A

청약 가점제란?

Q 8·2 대책으로 서울 지역의 청약가점제가 100%로 되었다는데 청약 가점제란 무엇인가?

A 청약가점제란 1순위 청약자 내에서 경쟁이 있을 경우 무주택 기간(32점), 부양가족 수(35점) 및 청약통장 가입 기간(17점)을 기준(총 84점)으로 산정한 가점 점수가 높은 순으로 당첨자를 선정하는 제도다.

» 무주택 여부 판단 기준

- 입주자모집공고일 현재, 청약통장 가입자의 주민등록등본에 등재된 가입자 및 세대원 전원이 무주택자여야 한다.

  [세대원 범위 : 배우자(주민등록이 분리된 배우자 및 그 배우자와 동일한 세대를 이

청약가점 산정 기준표

가점 항목	가점 구분	점수	가점 구분	점수
① 무주택 기간 (32점)	30세 미만 미혼 무주택자	0	8년 이상~9년 미만	18
	1년 미만(무주택자에 한함)	2	9년 이상~10년 미만	20
	1년 이상~2년 미만	4	10년 이상~11년 미만	22
	2년 이상~3년 미만	6	11년 이상~12년 미만	24
	3년 이상~4년 미만	8	12년 이상~13년 미만	26
	4년 이상~5년 미만	10	13년 이상~14년 미만	28
	5년 이상~6년 미만	12	14년 이상~15년 미만	30
	6년 이상~7년 미만	14	15년 이상	32
	7년 이상~8년 미만	16	–	–
② 부양가족 수 (35점)	0명(가입자 본인)	5	4명	25
	1명	10	5명	30
	2명	15	6명 이상	35
	3명	20	–	–
③ 청약통장 가입 기간 (17점)	6월 미만	1	8년 이상~9년 미만	10
	6월 이상~1년 미만	2	9년 이상~10년 미만	11
	1년 이상~2년 미만	3	10년 이상~11년 미만	12
	2년 이상~3년 미만	4	11년 이상~12년 미만	13
	3년 이상~4년 미만	5	12년 이상~13년 미만	14
	4년 이상~5년 미만	6	13년 이상~14년 미만	15
	5년 이상~6년 미만	7	14년 이상~15년 미만	16
	6년 이상~7년 미만	8	15년 이상	17
	7년 이상~8년 미만	9	–	–

출처 : 주택도시기금

루고 있는 세대원 포함), 직계존속(배우자의 직계존속 포함), 직계비속]

- 소형/저가 주택을 보유한 자는 '민영주택 일반공급' 청약 시 주택 보유 기간을 무주택 기간으로 인정한다.

» 무주택 기간 산정 기준

- 무주택 기간은 청약통장 가입자 및 배우자를 대상으로 산정, 무주택 기간은 만 30세를 기산점으로 하되, 30세 이전에 혼인한 경우 혼인 신고한 날부터 기산한다.
- 만 30세 미만으로서 미혼인 무주택자의 가점 점수는 '0'점이다.

주택 구분과 공급 방식

주택 구분		공급 방식
국민주택	민영주택	
• 국가, 지자체, LH, 지방공사가 건설하는 85㎡ 이하 주택 • 주택도시 기금을 지원받아 건설하는 85㎡ 이하 주택	• 주택도시기금의 지원 없이 민간건설 업자가 건설하는 주택 • 국가나 지방자치단체 등이 주택도시 기금의 지원 없이 공급하는 전용면적 85㎡를 초과하는 주택	• 일반 공급 • 특별 공급 • 우선 공급

출처 : 부동산 114

8·2 대책으로 투기과열 지구 및 조정대상 지역의 가점제비율이 상향되었다.

- (투기과열 지구) 85㎡ 이하 : 75% → 100%
- (조정대상 지역) 85㎡ 이하 : 40% → 75%,

  85㎡ 초과 : 0% → 30%

또한, 전국적으로 가점제 당첨자의 재당첨 제한을 도입했다. 이로써, 가점제로 당첨된 자와 당첨된 세대에 속한 자는 2년간 가점제 적용을 배제한다.

민영주택 가점제 적용 비율

구분	85㎡ 이하		85㎡ 초과	
	현행	개선	현행	개선
수도권 공공택지	100%	100%	50% 이하에서 지자체장이 결정	
투기과열지구	75%	100%	50%	50%
조정대상지역	40%	75%	0%	30%
기타 지역	40% 이하에서 지자체장이 결정		0%	0

출처 : 부동산 114

전용면적이란?

법에서 말하는 85㎡란 25평 아파트를 말하는 것인가?

법에서 말하는 주택면적은 전용면적을 기준으로 한다. 따라서 전용면적 85㎡(25.7평)는 흔히 말하는 32평형(전용면적 25평+공용면적 7평) 내외다.

» 전용면적, 공용면적, 실평수

- 주거 전용면적 : 주로 현관문을 열고 들어가는 가족들의 전용 생활 공간(침실, 거실, 주방, 욕실, 화장실)을 말한다. 다만 발코니(=서비스면적)는 전용면적에서 제외된다.

- 주거 공용면적 : 아파트 등 공동주택에 거주하는 다른 세대와 공동으로 사용하는 공간이다. 계단, 복도, 엘리베이터 등이 이에 해당된다.
- 기타 공용면적 : 주차장, 경비실, 노인정, 관리실 등 단지 내 커뮤니티 시설 등 건물 밖에 있는 부대시설의 면적을 말한다.
- 공급면적 : 주거 전용면적+주거 공용면적

  우리가 흔히 몇 평 아파트에 살고 있다고 말할 때 '평수'는 공급면적을 말한다.
- 실평수 : 실평수는 주거공간으로 실제 사용할 수 있는 면적을 말한다(정식 건축용어는 아님). 흔히 주거 전용면적에 서비스면적인 발코니 면적을 포함해 실평수로 표현하는 경우가 많다.

  같은 전용면적이라면 실평수가 넓은 게 좋다. 단, 전용면적이 동일하지만, 실평수가 넓다는 이유로 지나치게 비싼 호가를 부르는 경우라면 손실을 보지 않기 위해 이를 경계할 필요가 있다.

전용면적, 공용면적, 서비스면적 구분

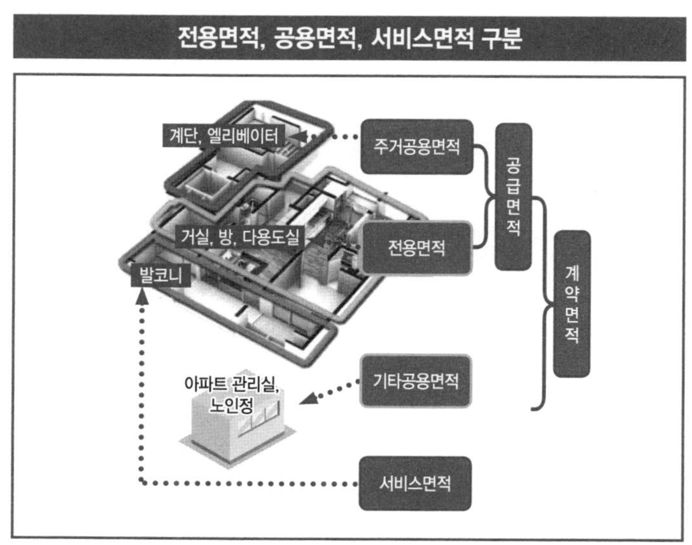

임대사업자와 청약

Q 아파트 청약을 해보려 한다. 1주택을 보유하는 사람이 주택임대사업자를 등록한 후 해당 주택을 임대하면 무주택자가 될까?

A 1주택을 소유한 사람이 주택임대사업자로 등록한 후 해당 주택을 임대해도 여전히 유주택자다. 즉 임대주택은, 재산세, 종부세, 양도소득세 등 일정 기준에 따라 세금 감면 효과는 있으나 임대주택으로 등록했다고 보유 주택 수에서 제외되는 것이 아니므로 무주택자가 아니다.

예외

소형·저가 주택*을 보유한 자는 '민영주택 일반공급' 청약 시 주택 보유 기간을 무주택 기간으로 인정한다.

따라서 세대당 소형·저가 주택을 1채 보유한다면 '민영주택 일반공급' 청약 시에는 해당 주택의 보유 기간을 무주택 기간에 포함해 신청할 수 있다(소형 · 저가 주택을 2채 보유하면 2주택자로 간주되므로 무주택자가 아니다).

* **소형 · 저가 주택 기준** : 전용면적 60㎡ 이하로 주택공시가격 1억 3,000만 원(비수도권은 8,000만 원) 이하인 주택 1호(세대).

오피스텔은 주택인가?

Q 오피스텔을 사무실로 쓸 수도 있고 주택으로 임대를 놓는 경우도 있다. 오피스텔은 사무실인가, 주택인가?

A 오피스텔을 주택으로 혼동하는 분들이 꽤 있다. 주택은 건축법상 용도별 종류에 따라 단독주택, 공동주택으로 나뉘는 반면, 오피스텔의 용도 구분은 업무용 시설이다. 그래서 건축물대장에도 업무용 시설로 표기된다.

오피스텔을 매입하면 취득세가 4.6% 발생한다. 6억 원 이하 주택의 취득세가 1.1~1.3%인 점을 감안하면 4배 이상 높은 셈이다. 업무용 시설이므로 부가가치세 납부대상이 된다.

일반 거래에서 오피스텔을 신규 분양받거나 기존 오피스텔을 취득한 경우에는 건물 부분에 해당하는 분양가액이나 취득가액에 대한 부가

가치세 10%가 발생해 매수인은 매매가액과 별도로 이 금액을 매도인에게 건넨다. 이렇게 받은 부가가치세를 매도자가 대신 납부하는 것이다. 만약 계약서에 부가가치세 10%의 언급이 없이 매매가액만 적혀 있다면, 이때는 매매가액에 부가가치세가 포함된 것으로 봐서 매도인이 10%의 부가가치세를 내야 한다. 따라서 계약서에 잘 구분해서 적지 않으면 매매가액에 따라 몇천만 원의 세금을 추가로 낼 수 있다.

오피스텔 매수자는 정해진 기간 내에 일반과세자로 사업자 등록을 하면 납부한 부가가치세를 환급받을 수 있다. 기존 오피스텔 매매 시 포괄 양수도 계약을 맺어 부가가치세 발생 없이 거래할 수도 있다.

오피스텔을 임대사업 목적으로 임대사업자 신청을 하고 건물분 부가가치세를 환급받은 일반과세자인 임대인이 주거용으로 임대를 줄 경우 이미 환급받은 부가가치세는 추징된다. 임차인의 전입신고 여부로 주거용을 판단한다. 만약 전입신고를 하지 않고 주거용으로 사용하는 사실이 세무당국에 포착되면 국세의 실질과세 원칙에 따라 이를 주거용으로 봐 환급받은 부가가치세를 추징할 수 있다.

경매·공매로 오피스텔을 낙찰받을 시 양수인 입장인 낙찰자가 낙찰대금 중 건물 부분에 해당하는 금액의 10%를 부가가치세로 더 내는 것은 아니다. 법에서 예외를 두었기 때문이다(부가가치세법시행령 18조 3항 1, 2호).

오피스텔을 임대하는 경우에는 이를 주택으로 볼 것인가, 업무용 시설로 볼 것인가에 따라 부가가치세 과세 여부가 달라진다.

주택으로 보는 경우, 임차인이 전입신고를 할 수도 있고 임대료에 대한 부가가치세가 발생하지 않는다. 이런 경우 본인이 소유하고 있는 주택에 이 오피스텔이 주택 수에 더해져 1세대 1주택 비과세 여부가 불투명해질 수 있다. 소유자가 이 주거용 오피스텔 한 채만 가지고 있는 경우에는 1세대 1주택 양도소득세 비과세를 받을 수 있다.

임대할 시에 주택으로 보지 않는다면 임대료에 대한 부가가치세가 발생한다. 실제 업무용으로 사용하거나, 주거용으로 사용하는 임차인이라면 전입신고를 해서는 안 될 것이다. 이런 경우 오피스텔을 업무용 시설로 봐 본인이 소유하고 있는 주택 수에 포함되지 않는다(전입신고를 하지 않아도 임차인의 주거용 사용이 세무당국에 포착되면 주거용으로 볼 여지도 있다).

오피스텔과 무주택자

오피스텔*을 1채 보유 중이다. 현재 주택 전세로 임대 중인데 청약 시 무주택자가 될 수 있나?

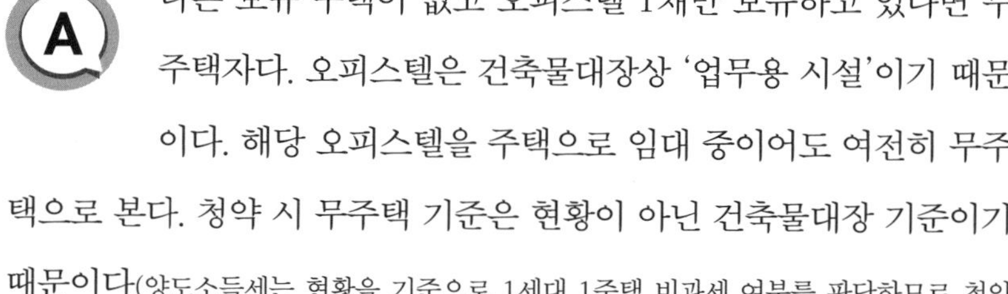

다른 보유 주택이 없고 오피스텔 1채만 보유하고 있다면 무주택자다. 오피스텔은 건축물대장상 '업무용 시설'이기 때문이다. 해당 오피스텔을 주택으로 임대 중이어도 여전히 무주택으로 본다. 청약 시 무주택 기준은 현황이 아닌 건축물대장 기준이기 때문이다(양도소득세는 현황을 기준으로 1세대 1주택 비과세 여부를 판단하므로 청약의 무주택 기준과 다르다, 유의 바람).

* **오피스텔**은 분양(등기)할 때 업무용으로 부가세를 환급받으면 10년 동안 매매 시 포괄 양도되어 임대사업자를 유지해야 업무용 시설로 인정받아 주택에 포함되지 않는다.

다가구주택, 다세대주택 어떻게 다르지?

Q 다가구주택, 다세대주택 많이 들었는데 영 헷갈린다. 이들의 구분은 어떻게 하는 걸까?

A 건축법상 용도별로 건축물의 종류를 나누는데 크게 단독주택과 공동주택으로 나뉜다. 이 중 다가구주택은 단독주택에 속하고, 다세대주택은 공동주택에 속한다. 흔히 빌라라고 부르는 주택이 다세대주택이다(빌라는 정식 건축 용어는 아님). 다가구주택은 단독주택이기에 등기가 하나로 되어 있고 매도 시에 건물을 통째로 거래한다. 다세대주택은 공동주택으로 세대마다 구분등기 되어 있어 세대마다 각각 개별로 거래할 수 있다.

건축물 종류	세부사항
단독주택 (다가구주택)	주택으로 쓰는 층수 3개층 이하 1개 동의 바닥 면적 660㎡(200평) 이하, 19세대 이하가 거주할 수 있을 것
공동주택 (다세대주택)	주택으로 쓰는 층수 4개 층 이하, 1개 동의 바닥면적 660㎡(200평) 이하

보통 건물의 소유를 목적으로 임대할 목적이면 다가구주택(단독주택)으로 짓고, 건축 후 세대마다 분양해서 팔 목적이면 다세대주택(공동주택)으로 짓는 것이다. 다가구주택은 등기가 하나이므로 건물을 통째로만 팔 수 있고, 다세대주택은 세대마다 구분등기 되어 있으므로 세대별로 팔 수 있다.

▲ 상가 겸용 주택

앞의 사진은 1층이 상가로 2, 3층은 주택과 겸하고 있어 상가 겸용 주택이라 부른다. 건물 전체가 단독등기일 경우 2, 3층인 주택면적의 합이 1층 상가면적보다 크기에 전체를 주택 1채로 봐 1세대 1주택일 경우 양도소득세가 비과세 된다(상가 부분에 대한 부가가치세는 발생함).

상가 겸용 주택 양도소득세 판단

주택면적>상가면적 → 전체를 주택으로 본다.
주택면적≦상가면적 → 주택면적은 주택, 상가면적은 상가로 본다.

당장 갭 투자금이 많이 드는 아파트에 투자해도 될까?

Q 6개월 후 전세 만기인 집이 매물로 나왔는데 당장 갭 투자금이 4,000만 원이다. 투자해도 될까?

A 이 경우 지금의 전세시세를 꼭 파악할 필요가 있다.

예를 들어, 매매가격 3억 원인 아파트의 현 세입자는 2억 6,000만 원에 살고 있다. 이는 1년 6개월 전의 전세가격이 2억 6,000만 원이라는 뜻이다. 그렇다면 지금 전세시세는 2억 6,000만 원이 아닐 수 있다. 1년 6개월 사이 전세시세가 올라 현재 전세시세가 2억 8,000만 원이라면 6개월 후에 최소 2,000만 원의 투자금을 회수할 수 있다. 이런 매물이라면 당장 투자금은 4,000만 원이라도 충분히 투자할 가치가 있다.

전세가격이 급등한 지역, 투자해도 될까?

Q 최근 전세가격이 급등해 과거에 비해 갭이 많이 줄어든 지역이 있다. 투자해도 될까?

A 매매가격과 전세가격의 갭이 적은 곳에 투자하는 것이 갭 투자지만, 전세가격의 급등이 있었다면 조심해야 할 필요가 있다. 전세가격의 급등은 주변의 단기적인 공급부족으로 일어나는 경우가 있기 때문이다.

한 예로 주변에 재개발 이주 수요로 전세가격이 급등하는 경우 2년 후에 역전세의 가능성을 배제할 수 없다. 가끔 역전세로 인한 갭 투자 실패 사례의 부정적인 기사들이 나오는데, 이때 나오는 지역들이 바로 전세가격이 급등한 지역이다.

예를 들어, 길음동의 경우 뉴타운 이주수요로 전세가격이 급등해 갭이 줄어든 경우인데, 몇몇 단지들은 뉴타운 입주 시기에 역전세가 일어나기도 했다.

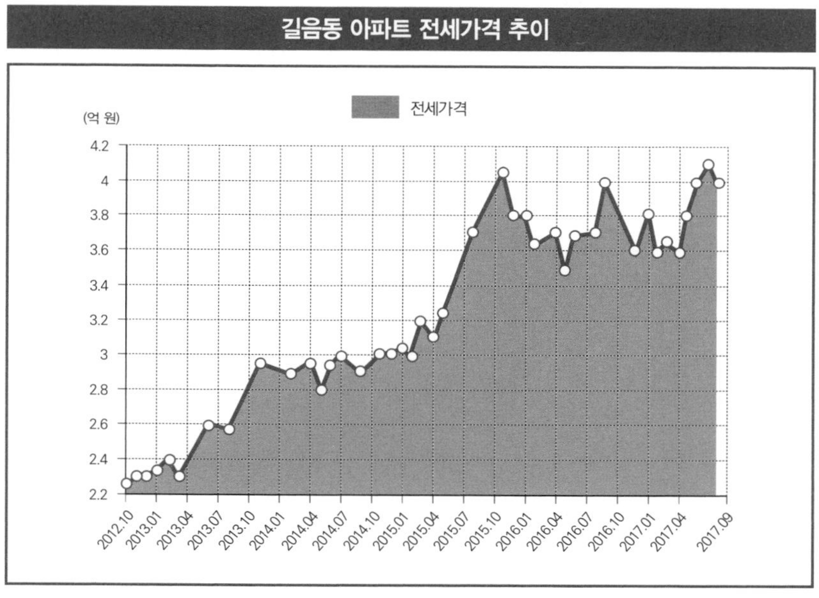

출처 : 부동산 114

오래된 아파트는 인기 없지 않을까?

Q 아파트가 오래되어 10년 이상 넘어가면, 인기도 없어지고 값도 떨어지는 것 같은데 갭 투자 시 이런 문제는 없나?

A 이는 아파트가 속한 지역마다 다르다. 보통 입주 후 2~3년 정도 되는 새 아파트는 주변의 상가나 주민편의시설 등이 제대로 갖춰지지 않은 경우가 많다. 주로 5~6년이 지나야 아파트 주변의 상가나 공공시설 및 편의시설 등이 자리를 잡게 된다. 보통 10년 차가 넘어가면 생활에 필요한 주변 시설들이 안정적으로 구성된다.

새 아파트의 기준이 애매하기는 하지만 아파트의 수명을 30년으로 봤을 때 초기 5년 동안을 새 아파트로 구분할 수 있을 것이다. 이후에는 하나둘씩 수리할 것들이 생기고 새 아파트의 메리트는 떨어진다고 봐도 무방하다. 5년이 지난 후의 아파트라면 새 건물을 매입하는 것이 아니라 주변 인프라를 매입한다고 생각하는 것이 좋다.

대단지면서 역세권이고, 생활편의 시설이 잘 갖춰진 아파트는 시간이 지날수록 오히려 실수요자(전세 세입자 포함)에게 인기 있는 경우가 많다. 갭 투자는 아파트의 연수보다는 아파트 전세가격이 지속적으로 상승하는 곳에 투자하는 것을 우선 고려해야 한다.

싸지만 수리비 드는 아파트 vs 수리할 곳이 없는 아파트

Q 현장에서 아파트를 둘러보면 내부 상태가 각각 다르다. 수리비가 많이 드는 아파트를 싸게 사는 게 좋을까, 수리할 곳이 없는 아파트를 사는 게 좋을까?

A 우리는 갭 투자를 단순하게 재테크로 보지 않고 사업으로 본다. 사업은 인풋(Input)을 최소화하고 아웃풋(Output)을 최대로 하는 것을 기본으로 한다. 즉 아파트 매입 시 비용을 최소화로 하라는 것인데, 이때 매매가에 따라서 갭(Input) 금액이 달라질 수 있다.

그렇다면 수리비가 많이 드는 아파트와 수리할 것이 없는 아파트 중 어느 것이 더 좋을까? 실제 임장을 다녀보면 자신의 집이 너무 더러운 경우 매도자 스스로 저렴하게 매도 금액을 책정하는 경우가 있다. 이는 더러운 집이기에 시세보다 더 저렴하게 내놓는 경우다. 이런 경우 인테리어비용보다 매수차익이 더 큰 경우가 있다.

'갭+수리비'를 비용으로 보기 때문에 수리비가 600만 원 나오는 집을 1,000만 원을 싸게 살 수 있다면 비용을 아끼는 투자가 되는 것이다. 즉 수리할 것이 없는 집을 시세대로 사는 것보다 수리비보다 더 싼 집이 있다면 수리할 것을 두려워하지 말고 매입하라고 말씀드리고 싶다.

다음 표와 같이 수리가 필요한 집을 1,000만 원 싸게 살 수 있는 경우 수리비 600만 원을 들여서 올수리를 한다면 전세금액은 동일하게 받을 수 있으면서 내 투자금은 400만 원 적게 들어가게 할 수도 있다. 수리할 집이 싸게 나왔다면 수리비까지 생각해서 투자를 생각해보길 바란다.

(단위 : 만 원)

구분	매매가격	전세가격	갭	수리비	총투자금
깨끗한 집	2억 5,000	2억 2,000	3,000	0	3,000
수리할 집	2억 4,000	2억 2,000	2,000	600	2,600

약간의 거리 차이로 갭 차이가 날 때 어디를 선택할까?

같은 지역에 지하철역과 3분 거리의 아파트는 갭이 4,000만 원이고, 7분 거리의 아파트는 갭이 2,500만 원일 때 어떤 아파트를 매입하는 것이 좋을까?

A 지역마다 조금 다를 수는 있겠지만, 역세권 여부에 따라 아파트의 가격이 다르게 형성되는 것은 맞다. 아무래도 7분 거리인 아파트보다 3분 거리인 아파트가 더 비쌀 것이다. 그런데 실제로 아파트 가격이 오르는 수치는 비슷하다. 즉 3분 거리인 아파트가 더 많이 오르고, 7분 거리인 아파트가 덜 오르는 것은 아니라는 것이다. 그 지역에 아파트 가격이 오른다면 비슷한 수치만큼 가격이 오를 것이다.

그렇다면 4,000만 원을 투자할 것인지, 2,500만 원을 투자할 것인지에 대한 고민이 생긴다. 투자금을 봤을 때 2,500만 원으로 역세권 7분 거리인 아파트를 하는 것이 좋다. 10~15분 거리라면 이야기가 달라지지만, 5~7분 정도면 역세권이라고 봐도 무방하다. 3분 거리는 전세가 다 나가는 데, 7분 거리라고 전세가 안 나가진 않을 테니 말이다.

역세권 구분

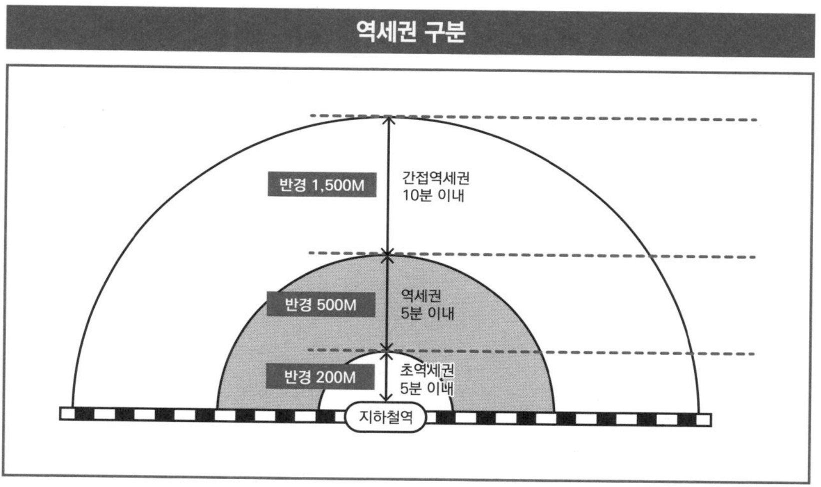

대단지가 아닌데 투자해도 될까?

Q 신도시에 있는 아파트인데 대단지는 아닌 아파트다. 투자해도 괜찮을까?

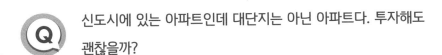

A 신도시라고 하면 택지개발로 인해 새로운 도시가 만들어진 곳으로, 그 안에는 무수히 많은 아파트 단지들이 모여서 하나의 신도시를 이루는 곳이 대부분이다.

신도시 안에 위치한 아파트는 꼭 1,000세대 이상의 대단지가 아니더라도 나 홀로 아파트만 아니라면 투자해도 크게 무리는 없다. 대단지의 아파트에 투자하라고 하는 것은 대단지의 교통망, 주변 상권 등의 인프라를 이용하기 위한 이유가 큰데, 신도시의 경우 대단지가 아니더라도 교통망이나 주변 인프라를 이용하는 데 전혀 무리가 없기 때문이다. 단, 신도시에서 외곽에 있거나 교통이 떨어진 곳이라면 피하는 것이 좋다.

예를 들어, 지도의 평촌 같은 경우 주변 인프라를 이용하는 데 문제가 없는 위치라고 한다면, 대단지 여부와 상관없이 투자해도 괜찮다는 의미다. 이 내용은 하나의 예일 뿐 지금 평촌에 투자하라는 말은 아니니 오해 없길 바란다.

평촌 아파트와 상가

출처 : 부동산 114

아파트 매입 시 중요하게 살펴볼 부분은?

Q 여러 아파트를 보다 보니 영 선택하기가 쉽지 않다. 아파트 매입 시 염두에 둬야 할 내부시설은 무엇인가?

A 아파트에 따라 내부사정이 천차만별이지만, 투자자 입장에서는 큰돈이 들어가지 않아야 하므로 우선 주의해서 살펴볼 항목을 적어본다. 다음 순서는 수리비가 많이 들어가는 순이다.

❶ 화장실

화장실은 수리비가 가장 많이 드는 곳이다. 요즘은 욕조 없이 그리고 샤워 부스도 따로 하지 않는 경향이 있다.

❷ 주방

싱크대의 교체 여부를 판단해야 한다.

❸ 신발장

현관에서 가장 먼저 눈에 들어오는 곳으로 집에 대한 첫인상을 결정하는 아주 중요한 부분이다.

❹ 도배

도배를 새로 해주면 새로운 전세 세입자를 구하기가 쉽다. 지역에 따라서 전세 세입자가 도배를 알아서 하는 지역도 있다. 도배의 경우 재료비보다는 당일 인건비가 더 많이 들기 때문에 부분 도배와 전체 도배의 비용 차이가 크게 나지 않는다. 따라서 전체적으로 도배를 하는 것이 좋다.

❺ 바닥(장판)

현재 짐이 있는 경우 멀쩡해 보여도 막상 이사 나간 후에는 군데군데 찢어지고 얼룩진 경우도 많다. 따라서 짐을 들어냈을 때를 고려해 유심히 볼 필요가 있다.

❻ 등(조명)

최근 LED 조명으로 바꾸는 추세다. 수리해야 한다면 조명도 바꿔주는 것이 좋다.

❼ 발코니

발코니의 누수곰팡이 그리고 바닥(타일 등) 상태를 확인한다.

그 외 구조에 따른 장단점을 파악한다.

내 아파트 제값 받고 빨리 파는 방법은?

Q 아파트를 팔려고 한다. 제값 받고 빨리 팔 수 있는 노하우가 있는지 궁금하다.

A 부동산은 잘 사는 것도 중요하지만 잘 파는 것이 더 중요하다. 내가 팔고 싶을 때 제값을 받고 빨리 팔 수 있으면 금상첨화다. 집을 팔려고 부동산에 내놓았는데 몇 달이 지나도 팔리지 않으면 정말 난감할 것이다.

어떻게 하면 제값을 받고 더 빨리 팔 수 있을까? 다음 14가지 방법을 적절히 사용하면 더 쉽게 더 빨리 원하는 가격을 받고 팔 수 있을 것이다.

❶ 최대한 넓게 보이게 연출하자

가구의 배치를 조금만 바꿔도 집 안이 넓어 보인다. 다른 집보다 상대적으로 넓게 보인다면 매수자는 끌리기 마련이다. 매도 시점에 집 안의 구조를 바꿔서 최대한 넓게 보이게 만들어보자.

❷ 깔끔하게 정리정돈을 해두자

아이들이 있는 집에 가면 거실, 발코니, 방 안까지 정신이 없다. 살면서 쌓이는 여러 가지 자질구레한 것들이 여기저기 많으니 말이다. 매도 시점에는 이러한 짐들을 싹 모아서 잘 안 보이는 수납함에 넣어두자. 욕실도 필요 없는 것은 당분간 없애고 최대한 깔끔하게 만들어두는 것이 좋다.

❸ 집 안은 최대한 밝게 만들어두자

집을 보러 오는 시간에는 집 안을 최대한 밝게 만들어두자. 밤이라면 거실부터 모든 방에 불을 환하게 켜두자. 동향의 집이라면 가능하면 오전 시간대에 약속을 잡아 채광으로 집이 밝아 보이는 게 좋다. 결론은 낮이든, 밤이든, 남향집이든 북향집이든 손님이 보러 올 때는 최대한 밝게 연출하는 것이 좋다.

❹ 은은한 향기를 준비하자

사람은 향기에 매우 민감하게 반응을 한다. 좋은 향기가 나는 곳에서는 좋은 인상을 받게 된다. 커피전문점에 가면 기분이 좋아지는 것도 이 때문이다. 손님이 오시는 시간에 맞춰 원두커피를 내려서 커피 향이 집 안에 은은하게 나게 하는 것도 팁이다. 그리고 향기로운 방향제를 현관 입구부터 집 안 곳곳에 뿌려두는 것도 좋다. 단, 너무 심하지 않게 은은하게 말이다.

❺ 고장 난 곳은 꼭 수리를 해두자

사람은 의사결정을 할 때 사소한 것에도 영향을 받는다. 따라서 사소한 것이라도 수리를 해두는 것이 좋다. 예를 들어, 손잡이, 전등, 벽지, 장판, 곰팡이 등 큰돈 들이지 않고 수리할 수 있는 것은 꼭 수리를 해두자.

❻ 집 안을 예쁜 소품으로 인테리어를 해보자

아파트 모델하우스에 가보면 같은 집이지만 확 끌린다. 인테리어 소품이 잘 갖춰진 카페에 가면 기분이 좋듯 집도 마찬가지다. 약간의 소품을 이용해서 집 안을 예쁘게 만들면 매수자에게 좋은 인상을 남길 수 있다.

❼ 아무 때나 보여줄 수 있게 해두자

집을 보러 온다는 연락이 왔는데 시간이 안 맞아서 집을 못 보여줄 때가 있다. 팔 기회를 놓치는 안타까운 순간이다. 가능하면 믿을 수 있는 부동산에 열쇠 또는 비밀번호를 알려주고 언제든지 볼 수 있게 해두는 것이 좋다.

❽ 확실한 매수자가 있다면 가격에 융통성을 갖자

대부분 거래 단계에서 매수자는 가격을 깎으려고 한다. 따라서 깎는 것을 무조건 거부하기보다는 가격의 마지노선을 정해두고 가격협상을 통해서 거래를 성사시켜 보는 것이 좋다.

❾ 주방을 깨끗하고 예쁘게 해두자

부부가 집을 보러 오는 경우가 많다. 집집마다 의사결정 권한이 다르겠지만, 일반적으로 여성의 입김이 세게 작용하는 경우가 많다. 남성과 달리 여성은 주방이 매우 중요하다. 주방에 있는 시간이 많기 때문이다. 따라서 주방을 깨끗하게 만들고 인테리어 소품을 통해 예쁘게 꾸며 여성의 마음을 움직이자.

❿ 매수자에게 인센티브를 주자

집주인이 직접 나서서 매수인에게 줄 수 있는 여러 가지 인센티브를 마련하는 것도 좋은 방법이다. 투자 목적으로 집을 구입하는 매수자에게는 전세를 끼고 사는 것이 유리한 만큼 빈집일 경우 집주인이 나서서 전세 세입자를 미리 구해 놓으면 이른 시일에 매수자를 구할 수 있다. 또 등기 일자를 조정해 재산세를 부담해주거나, 기본적인 인테리어 비용이나 보일러 수리비 등을 부담해주겠다는 등의 인센티브는 효과가 매우 좋다.

⓫ 날짜에 융통성을 두자

계약서 중도금 및 잔금 날짜에 융통성을 두자. 매수자가 원하는 중도금 및 잔금 시기와 금액을 매수인의 편리에 맞게 융통성 있게 잡아주는 것도 매도하는 데 있어서 중요하다.

⑫ 능력 있는 중개업소에 내놓자

광고를 통해 매수자를 여럿 찾아냈어도 매수자가 찾아간 부동산 소재지 인근 중개업소에서 부정적인 매물로 소개한다면 부동산을 처분하기 쉽지 않다. 따라서 지역의 믿을 수 있는 중개업소를 내 편으로 만드는 것이 중요하다. 매수자가 매수를 결정할 때, 중개업자가 적극적으로 설득해 계약을 성사시키는 역할을 하기 때문이다.

⑬ 매도가격을 미리 조사하자

중개업소에 "얼마에 팔 수 있어요?"라고 묻지 말자. 인근 중개업소 3~4곳을 돌면서 매수인 입장에서 물어보자. 자신의 집과 비슷한 것을 얼마에 살 수 있는지 말이다. 이를 통해 중개업소에 매도가격을 제시하면 좋다.

⑭ 단점이 있다면 중개업소에 미리 말해두자

부동산 계약은 아주 사소한 것 때문에 계약이 안되는 경우가 많다. 따라서 단점이 있다면 중개업소에 미리 단점을 알려주는 것이 좋다. 그래야 집을 소개하는 중개업자도 매수자가 그 단점을 이야기할 때 적절하게 대응할 수 있기 때문이다.

전세 vs 전세권, 무슨 차이일까?

Q 어떤 사람은 '전세 산다'고 하고, 또 다른 이는 '전세권을 설정' 했다고 한다. 전세와 전세권, 과연 어떻게 다른가?

A 전세권은 물권, 전세는 채권이다. 물권이란 권리의 주체인 '사람(人)이' 현존하는 특정의 독립된 물건을 배타적이고 직접적으로 지배함으로써, 그로부터 나오는 이익을 독점적으로 향유하는 것을 내용으로 하는, 절대적이며 관념적 재산권이다.

채권은 특정인(채무자)으로 하여금 특정의 행위(급부)를 요구하는 권리다. 상대성(대인권)이며, 비배타성이다.

▌전세

쉽게 예를 들어보자. 3억 원의 아파트에 2억 5,000만 원의 전세 세입자가 있다. 2억 5,000만 원의 전세금을 받은 집주인은 임대인, 전세 세입자는 임차인이 된다. 이때 전세금의 성격은 채권이다. 즉 임대인(집주인)에게 건넨 금액이고, 계약이 만료되면 임대인에게 돌려받을 금액이다. 임대인이 돌려주지 않는다고 해서 다른 이에게 대신 달라고 할 수 없다. 임대인과 전세 세입자 둘의 채권 관계이기 때문이다. 간단히 말하면 임차인이 임대인에게 2억 5,000만 원을 빌려줬고, 그 대가로 2년간 전세를 사는 것이다. 계약이 만료되면 빌려줬던 전세금을 돌려달라고 말하는데 이때 당사자는 임대인이다.

만약 임대인이 전세금을 돌려주지 않는다면 어떻게 될까? 임차인이 이 집에 살고 있으니 마음대로 집을 처분하고 그 대금에서 전세금을 반환받을 수 있을까? 결론은 그럴 수 없다. 채권이기 때문이다. 단지 집에 살고 있을 뿐 '집'이라는 물권(소유권은 물권이다)을 좌지우지하지 못한다. 권한이 없기 때문이다. 이런 경우 전세금을 반환받기 위해서는 법원에 '전세금지급명령'을 신청해야 한다. 만약 전세금을 반환받기 전에 이사할 일이 생겼다면 반드시 법원에 '임차권등기명령'을 신청하고 해당 등기부에 기입된 것을 확인한 후 이사를 해야 대항력이 유지된다.

지급명령이란 간단히 말해 소송을 간소화한 절차다. 돈을 빌려줬음이 명백하고, 상대방도 돈을 빌려 받았음을 부인하지 않는 경우, 굳이 소송할 필요 없이 지급명령을 신청하면 된다. 지급명령 신청을 하면 상대방이 이의제기하지 않은 한 지급명령결정문이 나온다. 지급명령결정문이 나오면 그것으로 강제집행을 할 수 있다.

이렇듯 소송에 비해 간단한 절차지만, 지급명령을 신청하기 전에 2가지 사항에 대해 생각해봐야 한다. 이것을 생각하지 못한 채 진행하게 되면 괜한 비용과 시간만 낭비하게 된다.

첫째, '송달'이다.

임대인을 대상으로 지급명령 신청을 하면 법원은 임대인에게 임차인이 신청한 지급명령신청서를 우편으로 보내준다. 이때 반드시 임대인은 우편물을 받아야 한다. 만약 임대인이 사는 주소를 모르거나 임대인이 해외로 나간 경우 등의 상황이라면 보증금 지급명령 신청 절차는 더 이상 진행되지 않는다.

법원의 입장에서는 채무자(임대인)가 자신이 채권자(임차인)에게 줄 돈이 있음을 인정해야 지급명령결정문을 내줄 수 있는데, 채무자가 우편물을 받지 않는다는 것은 줄 돈이 있음을 인정한 것이 아니므로 결정문을 줄 수 없다는 이야기다.

둘째, '이의제기'다.

법원이 발송한 우편물을 받은 임대인은 임차인이 작성한 지급명령신청서를 읽어 보고 법원에 이의를 제기하지 않아야 한다. 법원의 입장에서는 임대인이 임차인에게 보증금을 줘야 한다는 사실을 스스로 인정해야 결정문을 내줄 수 있는데, 임대인이 신청서를 수령한 지 14일 이내 '이의제기'를 한다는 것은 인정하지 않는다는 뜻이므로 결정문을 내주지 않는다. 이 경우는 '전세금반환청구소송'으로 넘어가게 된다.

❙ 전세권

전세권이란 전세와 상황은 똑같으나 이에 추가적으로 전세권설정등기를 한 경우를 말한다. 이 경우 해당 아파트 등기부를 열람하면 전세권설정등기가 기입되어 있다.

전세권이 설정된 등기부

순위번호	등 기 목 적	접 수	등 기 원 인	권 리 자 및 기 타 사 항
				~~근저당권자 교보생명보험주식회사 110111-0014970~~ ~~서울특별시 종로구 종로1가 1~~
5	~~전세권설정~~	~~2011년3월2일~~ ~~제9328호~~	~~2011년2월28일~~ ~~설정계약~~	~~전세금 금100,000,000원~~ ~~범 위 전유부분 건물의 전부~~ ~~존속기간 2013년 2월 26일까지~~ ~~전세권자 박■철 780413-*******~~ ~~경기도 수원시 장안구 율전동 375-2 율전이안아파트 104동 ■호~~
6	4번근저당권설정등기말소	2011년3월3일 제9673호	2011년3월2일 해지	
7	5번전세권설정등기말소	2013년2월25일 제8296호	2013년2월25일 해지	
8	전세권설정	2015년1월30일 제4242호	2015년1월30일 설정계약	전세금 금100,000,000원 범 위 전유부분 건물의 전부 존속기간 2017년 1월 29일까지 전세권자 쌍용건설주식회사 110111-■ 서울특별시 송파구 올림픽로 299(신천동)

전세권은 물권이다. 즉 물건(집)에 대한 권리가 있는 것이다. 따라서 계약이 종료되었는데도 전세금 반환이 지체되는 경우 경매를 신청할 수 있다.

❙ 전세권이 더 유리할까?

전세보다 전세권이 더 유리할까? 반드시 그런 것은 아니다. 단지 채권과 물권의 차이므로 경매를 신청할 수 있는 권리의 유무가 다를 뿐이다.

'전세'일지라도 임차인의 전입신고로 대항력이 발생하며 확정일자를 갖춰 우선변제권을 획득하므로 전세권과 별반 다르지 않다. 더군다나 보증금액에 상관없이 600원의 비용이 소요되는 확정일자에 비해, 전세권은 전세금이 1억 원인 경우 60만 원 내외, 2억 원인 경우 100만 원 훌쩍 넘는 설정비용이 든다. 또한, 임대인의 동의가 필수라 임대인이 동의하지 않으면 전세권 설정을 할 수 없다.

이사하는 즉시 전입신고와 확정일자를 갖췄다면 경매 진행 시 '전세'와 '전세권'은 똑같이 배당받는다. 만약 전입신고와 확정일자가 늦었다면 늦은 날을 기준으로 배당순위를 결정한다. '전세권'은 물권이므로 전입신고와 확정일자가 없어도 배당받을 수 있다.

전세가 잘 나가는 지역은 새로운 전세 세입자가 쉽게 구해지므로 굳이 큰돈 들여 전세권을 설정하지 않아도 된다. 하지만 사정상 전입신고를 못 하는 임차인은 반드시 '전세권'을 설정해 대항력을 유지해야 한다.

은행은 왜 근저당권을 설정할까?

은행 대출을 받으면 아파트에 근저당권을 설정한다. 근저당권은 무엇인가?

보통 대출을 받을 때 담보물을 제공하고 대출을 받는 경우가 많다. 이런 경우 은행은 담보물에 '근저당권'을 설정하는데, 이는 물권이므로 이자를 연체할 경우 경매를 신청할 수 있다.

근저당권

- 근저당권은 저당권의 일종으로서 채무자와의 계속적 거래계약 등에 의해 발생하는 불특정 채권을 일정액의 한도에서 담보하는 저

당을 말한다.

- 장래증감·변동하는 불특정 채무를 채권최고액의 한도 내에서 담보하는 것으로 채권액이 미확정되어 있다.
- 채권자, 채무자, 채권최고액 등을 등기한다.
- 경매 시 원금을 포함한 지연이자가 채권최고액의 한도를 초과하지 않는 한 1년분에 한정되지 않고 채권최고액 한도 내에서 배당받을 수 있다(지연이자가 채권최고액을 초과해도 채권최고액 한도에서만 배당받는다).
- 일부 원금을 변제해도 근저당권 설정계약을 변경하지 않는 한 변제기의 결산 시까지 여전히 채권최고액을 담보한다.
- 원금과 약정된 이자가 모두 변제되어 남아 있는 원금이 없더라도 근저당설정 계약의 해지가 없는 한 소멸하지 않고 속한다(부종성 완화).

근저당권은 저당권의 한 형태인 특수저당권이다. 대출 시 은행이 저당권이 아닌 근저당권을 설정하는 이유는 돈을 빌리는 채무자를 위해서가 아니라 은행을 위해서다.

저당권은 1년 연체이자만 채무액에 가산되고, 근저당권은 1년, 2년에 한정되지 않고 채권최고액 범위 안에서 연체이자를 가산할 수 있다.

대출금이 지급될 때 은행은 차주(대출자)의 채무불이행 시 경매를 염두에 두지 않을 수 없다. 보통 3개월 이상 연체해야 경매로 넘기게 되는데 경매를 신청했다고 바로 매각이 되는 게 아니라 매각기일까지 최소한 6개월~1년 이상 소요된다. 저당권을 설정하면 1년분에 한정된 연체이자를 회수할 수 있으므로 은행 입장에서는 이자 손실이 날 수도 있다. 그래서 근저당권을 설정하는 것이다. 채권최고액 범위 내에서 전액의 이자를 회수할 수 있기 때문이다.

감액등기는 필수

전셋집을 알아보는데 기존에 근저당권이 설정되어 있는 경우 주의점을 알려달라.

A

전셋집을 알아볼 때 집주인의 집에 근저당권이 설정되어 있는 경우가 많다. 이런 경우 임차인이 건넨 보증금으로 은행의 대출금을 일부 상환하기로 약정하는 경우가 있다. 이때는 반드시 계약서에 감액등기 약정을 명시하고 잔금 날 은행에 같이 가서 갚은 만큼 근저당권 채권최고액의 감액등기를 요구해야 한다.

저당권과 다르게 근저당권은 원금 일부를 상환해도 여전히 채권최고액을 담보하므로 감액등기를 하지 않으면 집주인이 추가 대출을 받을 수 있기 때문이다.

* **채권최고액** : 근저당권으로 담보되는 채권은 현재 또는 장래에 발생할 채권으로 일정한 금액을 한도로 설정되며 이를 '채권최고액'이라고 한다.
* **근저당** : 앞으로 생길 채권의 담보로 저당권을 미리 설정하는 행위

등기를 꼭 해야 하는가?

Q 부동산 거래 시 등기를 한다. 통상적으로 등기를 하긴 하는데 꼭 해야 하는지 의문이 든다.

A 등기를 반드시 해야 하는 경우도 있고, 그렇지 않은 경우도 있다. 부동산 물권(물건의 권리)의 변동에는 법률 행위에 의한 물권변동과 법률 규정에 의한 물권변동으로 나뉜다.

법률행위

부동산 법률 행위의 예를 들면 매매, 증여, 양도, 담보권설정 등을 생각하면 쉽다.

민법 제186조(부동산 물권변동의 효력)

부동산에 관한 법률 행위로 인한 물권의 득실변경은 등기하여야 그 효력이 생긴다.

법률 행위로 인한 물권변동에 있어서 법은 성립 요건 주의를 취하고 있다. 따라서 법률 행위에 의해 부동산 물권이 변동하기 위해서는 물권 행위와 반드시 등기가 있어야 한다(부동산의 인도는 그 요건이 아니다).

예를 들어, 집을 매매할 때 매수인 앞으로 소유권이전등기를 해야 이 집의 소유권을 확보한 것이지, 매도인에게 대금을 다 지불하고 관련 서류를 받았다고 소유권이 이전된 것이 아니다.

법률규정

민법 제187조(등기를 요하지 아니하는 부동산 물권취득)

상속, 공용징수, 판결, 경매 기타 법률의 규정에 의한 부동산에 관한 물권의 취득은 등기를 요하지 아니한다. 그러나 등기를 하지 아니하면 이를 처분하지 못한다.

법률 규정에 의한 부동산 물권의 취득 시에는 등기를 요하지 않는다. 등기를 요하지 않는 이유는 성질상 등기가 불가능하거나 국가기관의 행위 등으로 등기가 없더라도 물권변동의 여부와 시점이 명료하다는 점을 들 수 있다. 예를 들어, 상속, 공용징수, 판결, 경매 등을 생각하면 된다.

아버지가 돌아가시고 그 재산을 자녀가 상속 받을 때 상속등기를 해야만 상속이 이뤄지는 것이 아니라 등기를 하지 않아도(아버지 명의로 그대로 있어도) 돌아가신 시점에 이미 상속이 이뤄진 것이다.

공공기관이 수용할 때도 등기가 되어야 소유권이 이전된 것이 아니라 수용금액을 지불하는 순간 소유권이 이전되는 것이다. 경매도 마찬가지다. 낙찰받은 후 매각대금을 납부하는 순간 낙찰자에게 소유권이 이전되는 것이지, 낙찰자 앞으로 등기해야 낙찰자 소유가 되는 것이 아니다. 이런 것이 법률 규정이다. 법에서 규정한 물권변동인 것이다.

법률 행위로 인한 물권변동은 반드시 등기를 해야만 효력이 발생하는 것에 비해 법률 규정에 의한 물권변동은 등기를 요하지 않는다는 게 차이다. 하지만 법률 규정에 의한 부동산 물권도 처분하려면 등기를 해야 한다. 이전등기 없이 바로 처분했을 경우 등기의 효력을 인정받지 못할 수 있는데 일부 예외적으로 인정하는 판례들이 있다.

상속등기를 하지 않고 이를 피상속인(돌아가신 분)으로부터 곧바로 양수인에게로 이전등기를 하거나, 건물을 신축하고 이를 양도하는 경우에 보존등기를 하고서 그다음에 이전등기를 하는 것이 아니라 곧바로 양수인 명의로 보존등기를 하는 것(모두생략등기) 등이 그렇다.

이런 경우 등기는 유효하지만 적법하지 못한 방법에 대한 처벌을 받고, 취득세 및 양도소득세의 포탈에 따른 가산세 부과처분을 받을 수 있다. 무효가 아니라고 해서 그 방법까지 적법하다는 뜻은 아니다.

등기부를 믿을 수 없다고?

Q 부동산 등기를 믿을 수 없다는 말을 들었다. 거래 시 가장 유념해 살피는 것이 등기인데, 믿지 못한다니 이게 무슨 말인가?

A 앞서 법률 행위에 의한 물권변동은 반드시 등기를 해야 유효하고, 법률 규정에 의한 물권변동도 처분하려면 등기를 해야 한다고 말했다. 그럼 이렇게 필수불가결한 등기부를 절대적으로 믿을 수 있을까? 이 등기부를 믿고 거래한 자는 무조건 보호가 될까?

이쯤에서 공시의 원칙과 공신력을 알아보자.

▌공시의 원칙

공시의 원칙이란 물권변동 시에는 그 내용을 일반에게 알리는 표상을 갖춰야 한다는 원칙이다.

공시방법

- 부동산 물권 : 등기
- 동산 물권변동 : 인도(점유의 이전)
- 입목에 관한 물권변동 : 입목등기
- 수목의 집단이나 미분리과실 : 명인방법

▌공신력

공신력이란 공시방법을 신뢰해 거래한 자가 있는 경우에 그 공시내용이 진실한 권리관계에 일치하지 않더라도 마치 공시된 대로의 권리가 존재하는 것처럼 취급해 그자의 신뢰를 보호하는 효력이다. 동산은 공신력을 적용(동산의 공시방법으로서 점유에는 공신력이 있음)하지만 부동산은 공신력을 부정한다.

부동산 등기에 공신력이 부정되는 이유가 있다. 바로 등기절차의 형식성 때문이다. 등기 공무원은 등기의 실제 관계는 전혀 심사하지 않고, 등기권리자와 등기의무자가 제출한 등기서류만을 검토한 뒤 등기를 하게 된다. 실제 사실관계가 다르더라도 형식에 부합하면 등기가 이뤄질 수 있는데, 이런 등기에 공신력을 부여하면 진정권리자의 권리가 침해될 수 있다.

등기 공무원이 현장답사를 통해 등기신청서류의 내용을 일일이 확인하면 거래 안전은 크게 강화될 것이나 막대한 비용이 소요될 것이며, 또한 등기 공무원에게는 수사권이 없다.

공시의 원칙과 공신력은 별개다

물권변동에는 '진정한 권리자'와 '선의의 제3자' 중 누구를 보호할 것인지가 종종 문제가 되는데, 법은 부동산 물권의 변동에서는 '진정한 권리자'의 보호를 우선시한다. 무효인 부동산 등기의 내용을 믿고 거래한 자는 보호되지 않는다. 사기꾼이 등기를 위조해 주인 행세하며 부동산을 팔았을 경우, 이를 믿고 거래한 상대방은 진정한 주인이 나타나면 소유권을 빼앗길 수 있다.

이런 문제점에도 불구하고 등기는 '공시'의 역할을 한다. 형식주의를 취하는 민법은 공시방법을 갖춰야 비로소 권리변동의 효력이 발생한다. 등기는 부동산에 관한 공시 방법이다.

공시의 원칙은 지켜야 하는데 공신력은 없다. 상당히 모순적이다. 그런데도 어떻게 양립할 수 있는가? 이처럼 등기의 효력은 완벽하지 않음에도 불구하고 등기가 상당한 힘이 있는 이유는 무엇일까? 바로 '등기의 추정력'이다. 등기가 형식적으로 존재하면 무효인 등기라도 그에 상응하는 실체적 권리가 존재하는 것으로 추정하는 힘을 말한다.

추정의 기본적 효과는 증명 책임과 관련된다. 등기의 추정력에 의해 등기된 권리가 실제로 존재하는 것으로 추정되어 이와 양립할 수 없는 사실을 주장하는 자가 그 사실에 대한 반대 증거를 제출해야 한다.

* **등기의 추정력을 인정한 판례** : 대판2001다7229, 93다18914, 95다51991, 99다65462

셀프등기 하는 법

아파트를 매매한 후 셀프등기를 하고 싶다. 방법을 알려 달라.

셀프등기는 대출이 없는 경우 진행할 수 있다. 은행으로부터 대출을 받아 집을 마련하는 경우 소유권이전등기와 동시에 근저당권을 설정해야 하므로 법무사를 통해서 이전등기한다.

셀프등기 순서

❶ 부동산거래계약 신고필증

부동산 매매계약 후 60일 이내에 거래신고법에 의거해 거래 계약을 소속 구청에 신고해야 한다. 거래 당사자끼리 직접 거래했다면 거래 당사자 중 한 사람이 구청에 가서 신청해 발급받는다. 중개업소에서 거래한 주택인 경우 부동산 거래계약 신고 의무는 개업 공인중개사다. 따라서 개업 공인중개사가 신고한 후 신고필증을 교부받아 가지고 있다가 잔금 날 등기신청자(매수자)에게 건넨다.

❷ 토지대장, 집합건축물대장

구청 지적과나 민원실에서 발급받아 등기신청서류 작성 시 첨부한다(정부24, www.gov.kr에서도 발급 가능).

❸ 취득세 납부를 위한 취득세신고서 작성, 납부

구청 민원실(또는 세무과)에서 취득세 신고서를 작성한다. 신청서 작성 시 부동산 매매계약서 사본, 신고필증 사본, 신청자 신분증이나 사본이 필요하다. 구청 민원실에서는 부동산 매매 계약서에 의거해 취득세 고지서를 발급한다. 발급받은 취득세 고지서를 가까운 은행에서 납부하면 된다. 농협은행 또는 신한은행에서 카드납부도 가능한데, 특정 카드에 따라서 무이자 할부도 된다.

❹ 국민주택채권 매입

주택 취득 시 국민주택채권을 매입해야 한다. 국민주택채권이란 국민주택사업에 필요한 자금을 조달하기 위해 국민주택기금의 부담으로 발행되는 채권이다. 국민주택채권 매입금액을 계산할 때 기준이 되는 금액은 '건물분 시가표준액'이다.

시가표준액이란 부동산에 관해 취득세, 재산세, 등록세 등의 지방세를 책정하기 위해 정부에서 기준으로 설정한 금액을 말한다. 취득세 고지서를 발급받으면 적혀 있다. 혹시 상세한 내용을 알고 싶으면 국토교통부에서 운영하는 '부동산 공시가격 알리미'에서 해당 주소를 입력하면 알 수 있다.

주택채권 매입금액은 해당 주택 매매가격에 일정 비율을 곱해 산정하는데, '주택도시기금' 홈페이지에서 쉽게 알아볼 수 있다.

채권매입금액조회

출처 : 주택도시기금

주택도시기금(nhuf.molit.go.kr) 홈페이지 → 상단의'청약/채권' 클릭 → 제1종 국민주택채권 클릭 → 매입 대상 금액 입력

사례는 서울 및 광역시에 소재하는 시가표준액 2억 5,000만 원 아파트의 주택채권 매입비용을 계산해본 결과다. 매입금액은 575만 원이다.

국민주택채권의 이율은 채권 발행 당시의 국채·공채 등의 금리와 국민주택기금의 수지 상황 등을 참작해 기획재정부 장관이 국토해양부 장관과 협의해 정한다. 제1종 국민주택채권의 원리금은 발행일로부터 5년이 되는 날에 상환하며, 이자는 그 발행일로부터 상환일 전날까지 1년 단위의 복리로 계산한다(제2종 국민주택채권은 발행 폐지됨).

이렇듯 부동산을 취득 시에는 국민주택채권을 매입해야 하는데, 보통 수백만 원~수천만 원 단위가 되는 채권을 구입하는 분은 거의 없다. 당일 채권할인을 해서 비용만 지불하고 채권을 파는 과정을 거치는 것이 통상적이다. 채권 할인금액은 당일 은행에 가서 국민주택채권 매입금액을 말하면 계산해서 알려준다. '주택도시기금' 홈페이지에서 즉시 매도 시 본인 부담금을 바로 확인할 수도 있다.

채권매도단가/수익률/할인률 조회

국민주택채권코드	종목명
KR101501D785	국민주택 1 종채권 1 7 - 0 8

기준일	매도단가	수익률	할인율
2017-08-01	9,770.000	2.187	2. 4714
2017-08-02	9,763.000	2.202	2. 5451
2017-08-03	9,767.000	2.195	2. 5093
2017-08-04	9,764.000	2.202	2. 5434
2017-08-07	9,766.000	2.202	2. 5356
2017-08-08	9,753.000	2.231	2. 6692
2017-08-09	9,745.000	2.247	2. 7530
2017-08-10	9,733.000	2.274	2. 8767
2017-08-11	9,743.000	2.254	2. 7811

채권매도단가/수익률/할인율-국민주택채권도 채권이므로 매일의 시세가 변함에 따라 할인율도 변한다.

출처 : 주택도시기금

고객 부담금 조회

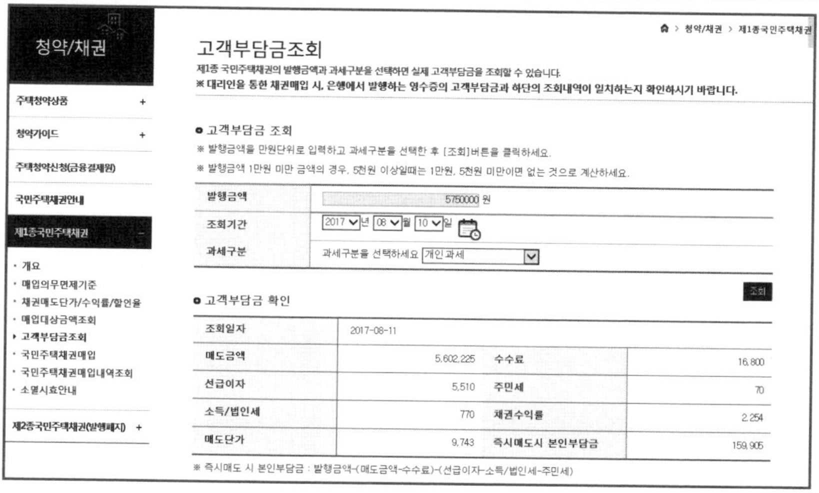

청약/채권

주택청약상품 +
청약가이드 +
주택청약신청(금융결제원)
국민주택채권안내
제1종국민주택채권 −
- 개요
- 매입의무면제기준
- 채권매도단가/수익률/할인율
- 매입대상금액조회
- 고객부담금조회
- 국민주택채권매입
- 국민주택채권매입내역조회
- 소멸시효안내

제2종국민주택채권(발행폐지) +

청약/채권 > 제1종국민주택채권

고객부담금조회

제1종 국민주택채권의 발행금액과 과세구분을 선택하면 실제 고객부담금을 조회할 수 있습니다.

※ 대리인을 통한 채권매입 시, 은행에서 발행하는 영수증의 고객부담금과 하단의 조회내역이 일치하는지 확인하시기 바랍니다.

고객부담금 조회

※ 발행금액을 만원단위로 입력하고 과세구분을 선택한 후 [조회]버튼을 클릭하세요.

※ 발행금액 1만원 미만 금액의 경우, 5천원 이상일때는 1만원, 5천원 미만이면 없는 것으로 계산하세요.

발행금액	5750000 원
조회기간	2017 년 08 월 10 일
과세구분	과세구분을 선택하세요 개인과세

조회

고객부담금 확인

조회일자	2017-08-11		
매도금액	5,602,225	수수료	16,800
선급이자	5,510	주민세	70
소득/법인세	770	채권수익률	2,254
매도단가	9,743	즉시매도시 본인부담금	159,905

※ 즉시매도 시 본인부담금 : 발행금액-(매도금액-수수료)-(선급이자-소득/법인세-주민세)

청약/채권 → 제1종국민주택채권 → 고객부담금 조회

출처 : 주택도시기금

앞 사례의 채권 매입금액인 575만 원의 즉시 할인을 조회하니 15만 9,905원의 본인부담금이 나온다. 이 비용을 납부하고 '국민주택채권 매입확인서'를 받는다.

등기소 절차

❺ 전자수입인지 신청서

등기소에 가면 우선 등기소 내에 있는 은행이나 가까운 은행에 가서 2가지(수입인지, 등기수수료) 금액을 확인하고 납부한다. 보통 입구에 안내하시는 분에게 매매계약서를 보여드리면 친절히 안내한다.

❻ 소유권이전등기 신청서류 작성

• 매도자 인감증명서

반드시 부동산 매도용으로 발급받아야 하며, 부동산 매수인의 주민등록번호가 포함되어 있어야 한다. 이때, 매수자의 주소가 매수인의 주민등록등본에 있는 주소와 완전히 일치해야 한 다. 간혹 매도자 인감증명서에 매도자 서명을 빠트리는 경우가 있다. 꼭 체크해두자.

• 매도자의 주민등록원초본

매도자의 현주소뿐만 아니라 전에 살았던 주소들도 다 나오는 '주민등록원초본'이어야 한다.

❼ 원본 제출

- 소유권이전등기신청서-첨부(정부 수입인지, 취득세 영수증, 국민채권 매입 거래내역 확인증, 등기신청 수수료)
- 토지대장
- 집합건축물대장
- 매매계약서 원본
- 부동산 거래계약 신고필증
- 등기권리증
- 매도자 위임장
- 매도자 인감증명서
- 매도자 주민등록원초본
- 매수자 주민등록등본

이렇게 제출하면 약 7일 후 등기소에 와서 신규 '등기권리증'을 찾아가라는 연락이 온다. '등기권리증 우편 발송 서비스'를 신청하면 등기권리증을 찾기 위해 다시 등기소를 방문할 필요가 없다.

집이 왜 경매에 나올까?

어떤 집은 부동산 중개업소를 통해 팔리고, 어떤 집은 경매를 통해 팔린다. 이렇게 차이 나는 이유가 뭘까?

경매란 돈을 못 받은 채권자가 채무자의 재산을 법원이 대신 팔아서 돈을 지급해달라고 신청하는 것이다.

경매의 기초에는 돈을 빌려준 채권자와 돈을 빌린 채무자가 있다. 약정한 대로 이자(또는 이자+원금)를 잘 갚는다면 아무 문제가 없다. 하지만 사람 일을 누가 장담하겠는가? 잘 다니던 직장을 갑자기 실직할 수도 있고, 잘되던 사업이 갑자기 안될 수도 있다. 매달 고정수입이 들어올 것을 예상하고 돈을 빌린 상황인데 돈을 갚지 못할 수 있다.

돈을 빌려준 채권자(보통 은행)는 돈을 회수하기 위해 법원에 경매를 신청한다. 담보 물건에 근저당권(물권)을 설정한 채권자는 경매를 신청할 수 있다. 채무자가 상환을 안 하니 법원에서 대신 이 채무자의 부동산을 팔아서 돈을 돌려 달란 이야기다. 경매 물건은 이렇게 나오는 것이다.

❙ 임의경매 VS 강제경매

경매에는 임의경매와 강제경매가 있다. 이 둘의 가장 큰 차이는 바로 경매를 신청할 수 있는지, 아니면 법원의 판결을 받아야 경매를 신청할 수 있는지에 따라 나뉜다.

채무자가 약속한 기간 안에 돈을 갚지 않으면 물권(물건에 대한 절대적 권리)을 갖춘 채권자는 누구의 간섭이나 허락 없이 바로 경매를 신청할 수 있는데, 이렇게 진행되는 경매가 임의경매다. 이렇게 경매를 신청할 수 있는 권리(물권)로는 저당권, 근저당권, 전세권 등이 있다.

강제경매는 채권자가 채무자를 상대로 승소판결을 받아 이 집행권원으로 채무자의 부동산을 압류해 경매를 신청하고 진행되는 경매다. 채권자가 물건에 대한 권한(물권)이 있어 바로 경매를 신청할 수 있는 임의경매에 비해 법원의 소송을 거쳐 그 승소판결이 있어야 경매를 신청할 수 있는 점이 다르다.

임의경매·강제경매는 채권자가 경매를 신청하는 방식이 다를 뿐 경매 진행 과정은 구분 없이 똑같다.

경매 물건은 법원경매정보(www.courtauction.go.kr)에서 검색하거나 유료 경매 사이트(탱크옥션, 지지옥션, 굿옥션 등)를 이용하면 된다.

경매는 해당 매각기일에 관할 법원에 가서 입찰하는 기일입찰 방식이므로 정해진 날짜와 시각에 반드시 법원에 입찰봉투를 제출해야 한다(대리인이 참석해도 된다).

출처 : 대한민국법원 법원경매정보

레버리지 효과란 무엇인가?

Q 책을 읽다 보면 '레버리지'란 표현이 자주 보인다. 레버리지에 대한 자세한 설명과 주의점을 알려 달라.

A 작은 힘으로 무거운 물체를 들어 올리는 데 사용되는 도구를 지렛대라 한다. 받쳐주는 받침점, 힘이 작용하는 힘점, 물체에 힘이 작용하는 작용점의 3가지 요소로 작은 힘을 들여 큰 힘을 내게 할 때 사용하는 원리다.

이런 원리는 경제학에도 작용해 기업이나 개인사업자가 다른 사람으로부터 빌린 차입금을 지렛대처럼 이용해 적은 자기자본으로도 자기자본이익률을 높이는 것을 지렛대 효과(레버리지 효과, Leverage effect)라 한다. 영국과 호주에서는 이를 기어링(Gearing)이라 한다.

예를 들어, 자기 자본이 1,000만 원인 경우 100만 원의 수익을 얻을 수 있는 10% 수익모델이 있다. 이 경우 4,000만 원의 차입금을 추가해 총 5,000만 원을 투자한다면 500만 원의 수익을 얻는다. 이때, 레버리지 효과는 차입비용을 논외로 할 때 자기자본 대비 수익률이 50%다. 즉 남의 돈을 더 넣을수록 돈을 더 벌 수 있는 점이 특징이다.

투자 자산으로부터의 수익이 차입비용보다 많다면 레버리지가 문제되지 않는다. 하지만 주식과 같이 리스크가 높은 투자에서 레버리지를 통해 리스크를 더욱 확대한다는 것은 건전한 투자를 넘어 사실상 투기라 할 수 있다. 따라서 레버리지는 확실한 수익이 예견되는 건전한 실물자산에 투자하는 것이 바람직하다.

LTV, DTI, DSR 도대체 무슨 뜻인가?

Q 비슷해 보이는 LTV, DTI, DSR, 이 말이 뜻하는 바가 무엇인지 투자와 어떤 연관이 있는지 알려 달라.

A 이 용어들의 공통점은 은행이 대출을 실행할 때 적용하는 비율이다. 예를 들어, 매매가격 5억 원의 아파트가 있는 경우 LTV, DTI, DSR에 따라 대출을 받을 수도, 받지 못할 수도 있다.

은행은 무조건 집을 소유하고 있다고 돈을 빌려주지는 않는다. 은행의 근본 수입은 대출이자다. 따라서 원리금을 잘 상환할 수 있는지 여부를 살펴 대출이 실행되므로 주부, 은퇴자, 무직자 등은 주택을 소유하고 있어도 실질적으로 높은 금액의 대출을 받기가 쉽지 않다. 이런 경우 차주(대출을 받는 채무자)의 명의를 고정수입이 있는 가족(남편 등) 명의로 해서 대출을 실행하기도 한다.

LTV*란 'Loan To Value ratio'의 약자로 '주택담보대출비율'을 말한다. 예를 들어, LTV가 60%인 지역은 매매가격의 60%까지 대출이 이뤄진다는 뜻이다.

DTI란 'Debt To Income ratio'의 약자로 '총부채상환비율'을 말한다. 예를 들어, 해당 지역의 DTI가 60%라면 연간 총소득에서 주택담보대출의 연간 원리금상환액과 기타 부채의 연간 이자상환액을 합한 금액이 60% 이하여야 한다는 뜻이다. 다시 말해, LTV처럼 주택가격에 비례해 대출을 해주는 것이 아니라, 돈을 얼마나 잘 갚을 수 있는지를 따져 대출 한도를 정한다는 뜻으로 주택 구입 시 LTV, DTI를 모두 충족해야 한다.

정부의 DSR 추진 정책을 눈여겨볼 필요가 있다. DSR은 'Debt Service Ratio'의 약자로 '총부채원리금상환비율'이다. DSR은 DTI와 유사하지만 다르므로 구분해서 알고 있어야 한다.

DTI는 총소득에서 부채의 연간 원리금상환액이 차지하는 비율이다. DTI가 '주택담보대출의 연간 원리금상환액'과 함께 '기타 부채의 연간 이자상환액 기준'으로 대출 가능 금액을 산출하는 반면, DSR은 '주택담보대출의 연간 원리금 상환액'에 추가해 '기타 부채의 연간 원리금상환액 기준'으로 대출가능 금액을 산출하는 것이다.

* LTV의 퍼센트는 지역에 따라 다소 차이가 있으나 크게 수도권과 지방으로 나뉜다.

즉 DSR은 DTI에는 없는 신용카드 할부금이나 자동차 할부금, 마이너스 통장 대출 등도 보는 것이다. 따라서 DSR로 심사기준을 정할 경우, 소득 대비 부채 수준이 DTI보다 더 높아져서 대출받을 수 있는 총액은 줄어들게 된다. 개인의 실질적인 부채부담과 상환능력을 측정하는 것이다.

DSR에 마이너스 통장의 한도를 모두 반영하면 상환능력측정이 왜곡될 수 있다. 마이너스 통장은 1년마다 계약을 연장하는 구조지만, 사실상 전액 상환이 이뤄지지 않는다. 또한, 한도의 일부만 사용하거나 개설해놓고 사용하지 않는 이용자도 있기 때문이다.

원금균등상환, 원리금균등상환 중에 어떤 게 유리할까?

Q 30대 직장인이다. 대출 받으려고 알아보니 원금균등상환, 원리금균등상환이란 말이 있다. 직장인에게 어떤 상환방식이 더 유리할까?

A 1억 원을 연 4% 이율, 20년 상환방식으로 대출받는다는 가정하에 2가지 상환방식에 따른 차이는 무엇인지, 어떤 방식이 유리한지 알아보자.

원금균등상환방식

말 그대로 원금을 20년에 걸쳐 똑같이 상환한다는 뜻이다. 대출원금에서 상환한 원금을 뺀 잔여 대출금에 대해 이자가 부가되므로 초기에 가장 많은 이자를 내고 갈수록 점점 낮아지게 된다. 주택담보대출 시 많이 사용되는 방식이다. 초기에 상환금 부담이 있지만, 시간이 지남에 따라 상환금이 줄어든다. 결과적으로 이자를 가장 적게 내는 방식이다.

원금균등상환방식	
대출금	100,000,000원
대출금리	연 4%
대출기간	240개월(20년)
거치기간	없음
상환방법	원금균등상환
총이자	40,165,590원

No	상환금	납입 원금	이자	납입 원금 계	잔금
1	749,996	416,666	333,330	416,666	99,583,334
2	748,606	416,666	331,940	833,332	99,166,668
3	747,216	416,666	330,550	1,249,998	98,750,002
4	745,826	416,666	329,160	1,666,664	98,333,336
5	744,436	416,666	327,770	2,083,330	97,916,670
6	743,046	416,666	326,380	2,499,996	97,500,004
7	741,666	416,666	325,000	2,916,662	97,083,338
8	740,276	416,666	323,610	3,333,328	96,666,672
9	738,886	416,666	322,220	3,749,994	96,250,006
10	737,496	416,666	320,830	4,166,660	95,833,340
11	736,106	416,666	319,440	4,583,326	95,416,674

* 표를 보면 원금이 균등하게 상환되고 있으며 원금이 상환될수록 이자가 줄어들고 있음을 알 수 있다.

원리금균등상환방식

원금과 이자를 매월 균등하게 상환하는 방식이다. 매월 같은 금액을 상환하므로 계산하기 편리하다는 장점은 있으나 원금균등상환방식에 비해 납입하는 이자가 많다.

대출 초기에는 원금균등상환방식보다 상환금이 적어 유리해 보일 수 있으나 중도상환이나 장기적인 측면에서는 불리하다.

원리금균등상환방식	
대출금	100,000,000원
대출금리	연 4%
대출기간	240개월(20년)
거치기간	없음
상환방법	원리금균등상환
총이자	45,433,460원

No	상환금	납입 원금	이자	납입 원금 계	잔금
1	605,980	272,650	333,330	272,650	99,727,350
2	605,980	273,560	332,420	546,210	99,453,790
3	605,980	274,470	331,510	820,680	99,179,320
4	605,980	275,390	330,590	1,096,070	98,903,930
5	605,980	276,310	329,670	1,372,380	98,627,620
6	605,980	277,230	328,750	1,649,610	98,350,390
7	605,980	278,150	327,830	1,927,760	98,072,240
8	605,980	279,080	326,900	2,206,840	97,793,160
9	605,980	280,010	325,970	2,486,850	97,513,150
10	605,980	280,940	325,040	2,767,790	97,232,210
11	605,980	281,880	324,100	3,049,670	96,950,330

* 표를 보면 원금이 균등하게 상환되고 있으며 원금이 상환될수록 이자가 줄어들고 있음을 알 수 있다.

결론은 본인의 현 수입이나 대출 기간에 따라 상환방식의 선택이 달라진다. 원금균등상환은 원금을 균등하게 상환하게 되어 잔고를 빠르게 줄여나가 이자를 줄일 수 있다. 그러나 초기 이자 부담이 크기 때문에 사회 초년생이나, 수입이 적은 젊은 층에는 다소 불리할 수 있다. 원금균등상환은 상당히 정직한 상환방식이라 할 수 있는데, 대출 기간의 절반이 지나면 대출 원금의 절반을 갚을 수 있다는 것이다.

원리금균등상환은 원금과 이자, 즉 원리금을 균등하게 상환하게 되는데, 이는 초반에 상환하는 부분의 상당량이 이자에 치우쳐 있어 원금 회수를 천천히 줄여 원금균등상환보다 이자 부담이 더 나타나게 된다. 원금균등상환과 다르게 대출 기간의 절반이 넘는 2/3가 지나야 대출원금의 절반을 갚게 되므로 본인이 조기상환을 하는 경우가 생길 것 같다면 원리금균등상환방식은 기피하는 게 좋다.

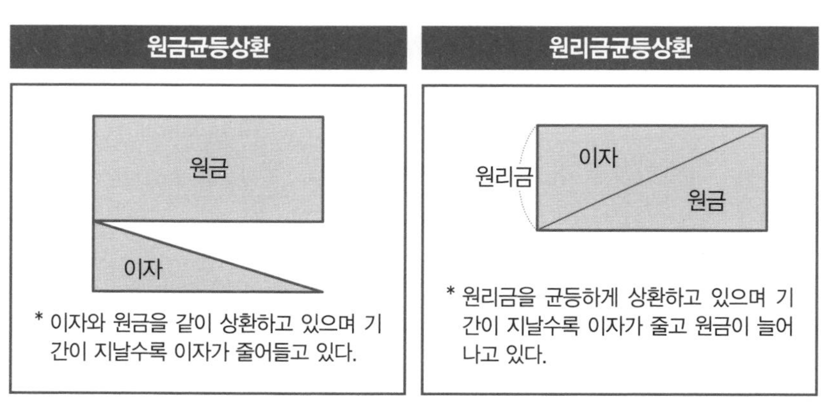

원금균등상환
원금
이자
* 이자와 원금을 같이 상환하고 있으며 기간이 지날수록 이자가 줄어들고 있다.
원리금균등상환
원리금
이자
원금
* 원리금을 균등하게 상환하고 있으며 기간이 지날수록 이자가 줄고 원금이 늘어나고 있다.

환경이 여과된다니 무슨 말인가?

도시에 순환주기가 있다고 들었다. 이에 따라 환경이 여과된다고 하던데, 이게 무슨 뜻이며 투자와 어떤 연관이 있는지 궁금하다.

A 주택 시장 경제이론 중에 주택여과 효과(Filtering Effect)가 있다. 주택을 저소득계층이 거주하는 저가 주택과 고소득 계층이 거주하는 고가 주택으로 구분할 때 주택이 소득계층에 따라 상하로 이동하는 현상을 '여과현상'이라고 한다.

상향여과란 저소득층의 공간에 침투해 주변 환경을 좋게 끌어올리는 현상을 의미한다. 예를 들면, 저소득층이 살던 값싼 동네가 재개발, 재건축 등으로 고소득층 인구가 유입되어 주변 인프라나 녹지환경 조성으로 쾌적한 환경으로 변화한다는 의미다. 시장에서 주택의 소비는 소득의 증가에 따라 보다 나은 신규 주택이나 고가의 주택을 소유하고자 하는 욕구를 가지고 있다.

하향여과란 상향여과의 반대말로 고소득층이 떠난 곳에 저소득층이나 외국인 근로자들이 들어오면서 슬럼화* 현상이 일어나는 것을 의미한다. 부유한 고소득층은 오래된 아파트에 살아야 할 이유가 없으므로 떠나게 되고, 그 자리를 저소득층이 들어와 살게 되어 주거환경이 변화하는 것을 말한다.

부동산학의 측면에서 살펴보면 슬럼이란 말은 하향여과의 결과로 나타난다. 즉 1,000원을 투입했을 때 100원의 효과가 나는 곳이 있고, 500원의 효과가 나는 곳이 있다면 당연히 500원의 효과가 나는 곳에 투입할 것이다. 그 결과 100원의 효과가 나는 곳에는 점점 자원(돈)의 투입이 없게 된다. 그러한 결과가 누적되어 슬럼이 탄생한다.

집을 재건축이나 수리했을 경우 가령 1,000만 원을 투입했다면 그 가치의 투입으로 집값이 적어도 800~1,500만원 정도 올라야 한다. 만약 그렇지 않다면 집주인은 그 1,000만 원을 들여 이사할 것이기 때문이다.

한 아파트 단지에서 그러한 이유로 이사하는 사람들이 점점 많아진다. 또한, 그 지역에서 이사하는 사람들도 많아진다. 그렇다면 누군가는 이곳으로 이사를 와야 한다. 그들은 주택 임대료가 싼 이유로 다소 노후화되었어도 이곳을 선택해서 이주한다. 다시 시간이 흐른다. 이들 역

* 슬럼화 : 기존의 고소득층이 떠나 더는 개발이 이뤄지지 않아 낙후되는 현상

시 이사를 하고 임대료는 더욱 싸지고, 더욱 싼 임대료를 필요로 하는 사람들이 이사를 온다. 이러한 일들이 반복된다. 결국, 최저 주택임대료를 필요로 하는 사람들만이 모이게 되어 빈민가가 만들어진다(그러나 국가가 방치하지 않으므로 언젠가 재개발과 재건축 등의 이유로 다시 상향여과가 이뤄질 수 있다).

어느 곳이 하향여과될 가능성의 유무를 보려면 그곳의 주택들이 수리비를 투입했을 때 투입한 만큼의 집값 상승이 되는지, 집주인들이 기꺼이 수리비를 투입할 용의가 있는지를 보면 된다.

상향여과와 하향여과

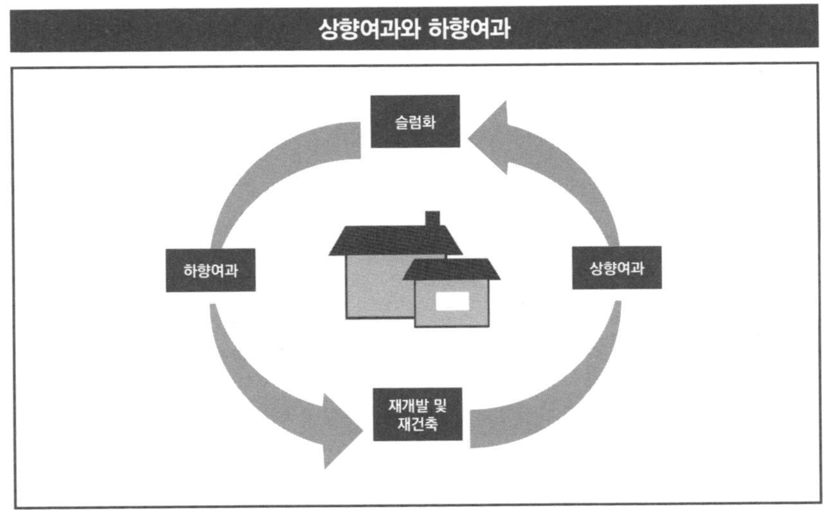

인플레이션은 좋은 현상일까?

Q 경제생활을 하다 보면 인플레이션이란 단어를 자주 접한다. 인플레이션이란 정확히 무슨 뜻인지, 왜 발생하는지 궁금하다.

A '인플레이션'이란 전반적인 물가 수준과 서비스 가격 수준의 지속적인 가격 상승을 말한다. 그런데 단순한 가격 상승은 인플레이션이 아닐 수 있다. 전반적이고 지속적인 가격 상승이어야 한다.

물건이나 서비스의 가격은 오를 수도 있고, 내릴 수도 있는 법이다. 그런데 꽤 오랜 기간 전반적인 물건이나 서비스의 가격이 계속해서 오르고 있다면 인플레이션 상황이라고 보면 된다. 그리고 특별한 경우가 아니라면 대부분의 경제 상황은 인플레이션 상황이다.

물가가 오른다고 하면 대부분이 인상을 쓰며 반감을 가질 것이다. 하지만 경제학자들은 물가가 오르는 것이 지극히 정상적이라고 표현한다. 물가가 유동적이라는 생각 때문에 물가가 내릴 수도 있다고 생각하지만, 물가는 절대 내려갈 수 없다. 돈의 양이 늘기 때문인데, 돈의 양이 늘어나면서 돈의 가치는 하락하고, 물가가 상승하게 되는 것이다. 즉 30년 전에는 500원이면 짜장면 한 그릇을 사 먹을 수 있었지만, 지금은 500원으로는 어림도 없다.

인플레이션 원인에 대해 여러 가지 주장이 있지만 크게 보면 다음 3가지로 나눌 수 있다.

❶ 수요 견인 인플레이션(Demand-Pull Inflation)

수요가 공급을 초과하면 가격 상승이 이뤄지는데, 이 초과 수요를 인플레이션의 원인으로 보는 것이다. 물건은 부족하고 사겠다는 사람은 많으니 가격이 오를 수밖에 없다. 결국, 돈을 더 내는 사람이 물건을 살 수 있게 되고 이런 상황이 지속되어 인플레이션이 일어난다고 봐 '수요 견인 인플레이션'이라고 한다. 보통 경기가 좋은 상태에서 더 나아가서 과열될 때 인플레이션이 일어난다.

❷ 비용 인상 인플레이션(Cost-Push Inflation)

생산 원가 측면(임금, 세금, 원자재 가격 등)에서 인상 요인이 발생하면 최종재의 가격 인상으로 연결되는데, 이처럼 비용으로 들어가는 부분에서의 가격 인상을 인플레이션 원인으로 보는 것이다.

생산 원가가 상승하면 기업은 보통 물가를 올리는 것으로 대응한다. 기업뿐 아니라 일반 음식점 같은 곳도 임대료가 올라가면 음식값을 올리지 않을 수 없다. 이처럼 최종재 또는 최종 서비스를 완성하기 위해 필요한 물품의 가격이 오르면 전반적인 물가와 서비스 가격 수준이 오르는 경향이 있다.

❸ 정부 주도 통제 인플레이션

인플레이션의 원인을 크게 앞의 2가지 원인으로 보기는 하지만, 정부 주도로 인플레이션이 의도적으로 발생하는 경우도 있다. 사실 대부분의 나라가 이런 정책을 쓰고 있다.

정부 입장에서 지나친 인플레이션은 피해야 하지만, 어느 정도 수준의 인플레이션은 디플레이션 상황보다는 오히려 바람직하다. 국가의 경제 성장은 전반적인 물가 수준과 서비스 가격 수준의 지속적인 가격 상승을 동반하기 때문이다.

Plus Tip 인플레이션(Inflation) 관련 용어

• **디플레이션**(Deflation)

인플레이션의 반대말이다. 전반적인 물가와 서비스 가격이 지속해서 하락하는 현상이다. 디플레이션이 경기침체를 불러온다. 물가가 하락하면 고용이 불안정해지는데, 이는 소비자가 경제활동을 줄이게 되고, 기업은 물건을 적게 생산하게 된다. 기업은 적은 생산량에 따라 다시 인력을 줄일 수밖에 없는 악순환에 들어서는 것이다.

• **하이퍼인플레이션**(Hyperinflation)

급격한 인플레이션이다. 예를 들어, 1923년 독일에서 한 달 사이에 물가 수준이 2,500% 상승한 것과 같은 정도로 짧은 기간, 급속히 치솟아 오르는 전반적인 물가 상승을 말한다.

• **스태그플레이션**[Stagflation, Stagnation(정체)+Inflation(물가 상승)]

실업률 증가, 소비 감소, 투자 감소와 같은 경기침체와 동시에 인플레이션이 진행되는 것이다. 대부분의 인플레이션은 경제가 성장하는 과정 또는 경기가 과열된 상황에서 발생하지만, 경기 침체와 동시에 인플레이션이 오는 경우도 있다.

부동산은 외부영향을 쉽게 받는다?

Q 인근에 어떤 시설들이 생기느냐에 따라 집값에 많은 영향을 준다. 이런 효과는 무엇인가?

A 부동산(不動産)은 움직여 옮길 수 없는 재산이다 보니 주위의 외부영향을 쉽게 받는다. 부동산 시장에 있어 외부효과(External Effect)에는 정(正, +)의 외부효과와 부(負, -)의 외부효과가 있다.

정의 외부효과

정(+)의 외부효과란, 어느 특정 지역에 공원, 교통시설, 공공건물 같은 그 지역 주민들이 선호하는 시설이 들어옴으로써 생기는 파생적 효과다. 당연히 그 지역 부동산값은 상승하게 되고, 부동산 소유자는 한 푼도 투자하지 않고도 정의 외부효과로 부동산 가치가 상승하게 된다.

정의 외부효과는 핌피현상으로 발생하는 경우도 많다. 핌피(PIMFY, Please In My Front Yard)란 '제발 내 앞마당에 해주세요'라는 뜻으로 선호시설을 지역 내에 들여오는 것을 지역 주민들이 앞장서서 주도하거나, 또는 선호시설 유치를 위해 주변 지역과 경쟁하는 것을 일컫는다.

가장 대표적인 경우가 철도, 지하철에 관련된 부분이다. 철도역이 어떤 지역을 지나느냐, 어디에 역이 생기느냐에 따라 주민들의 찬반이 극과 극을 달린다. 수익성 있는 사업을 내 지방에 유치하겠다는 지역이기주의에 휘말리다 보면, 결국 최악의 선택을 하는 경우도 존재한다.

▌부의 외부효과

부(-)의 외부효과는 정의 외부효과와 반대되는 개념으로 선호하지 않는 시설, 예를 들면 쓰레기 소각장 등 혐오시설이 들어옴으로써 그 지역 부동산값을 하락시키는 영향을 주는 효과다. 언론 보도에서 가끔 볼 수 있는 님비현상을 가져오는 근본 원인이다.

님비(NIMBY, Not In My Back Yard)란 '내 뒷마당은 안 돼'라는 뜻이다. 즉 교정 시설, 핵 시설, 쓰레기 매립장, 혐오 시설 등 지역 주민들이 싫어할 시설이나 땅값이 떨어질 우려가 있는 시설들이 자신이 사는 지역에 들어서는 것을 반대하는 현상이다.

핌피와 님비

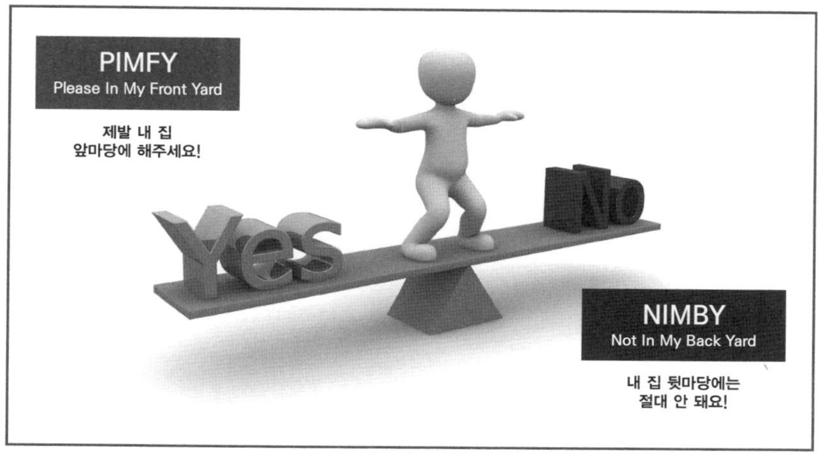

좋은 인프라를 자신의 지역에 유치하려는 핌피현상과 정반대 맥락이지만, 지역이기주의를 조장한다는 점에서는 공통점이 있다.

에필로그

대한민국 슈퍼리치를 꿈꾼다

'슈퍼리치'라는 개념은 미국에서 자산 350억 원, 우리나라에서 100억 원대(현금 10억 원 포함)를 보유한 부자를 뜻하는 개념이다. 상위 1%는 순자산 30억 원 이상에, 연봉만 4억 원 이상이다. 슈퍼리치 클럽은 한마디로 한국의 슈퍼리치를 꿈꾸는 사람들의 공동체를 뜻하는 것이다.

아파트는 안정성과 환금성, 수익성의 3가지 면을 모두 충족한다. 토지는 안 팔리면 끝, 즉 환금성이 없다. 빌딩도 마찬가지다. 하지만 아파트는 당장에 현금화할 수 있기에 환금성이 높고, 수요가 많기에 안전하며, 다른 어떠한 투자보다 투자 대비 수익성이 높다. 사실 나도 빌딩이며 단독주택, 오피스텔, 토지 등 수많은 현장 경험을 해봤다. 그렇게 오랜 시간 결산해놓고 보니 그중 소형아파트가 제일 이익이 높았다.

부동산은 재테크를 넘어 과학적인 경영이다. 경영자란 자기 과업에 스스로 책임을 지는 모든 사람이다. 학생도, 집에서 살림만 하는 주부도, 직장인과 1인 기업인, 프리랜서 모두 경영자다. 이런 경영자들이 투자하는 갭 투자는 재테크가 아니라 사업이라는 것이 나의 철학이다.

현시대는 젊은 사람뿐 아니라 직장인 자영업자 등 많은 사람이 방황한다. 그 이유는 무엇일까? 평생을 목표 삼을 만한 깃발이 없어서라는 게 나의 견해다. 일제강점기 때는 독립이 대의명분이었고, 내가 학교 다닐 무렵엔 민주화가 그랬다면, 현재 또한 그에 맞는 깃발이 있어야 한다. 현시대는 대부분이 그날 먹고사는 데만 치우쳐 있다.

부자가 되기 위해서는 목표가 명확해야 한다. 지금 당장 말할 수 있는 명확한 5가지 목표가 있는가? 목표는 크고 원대한 것으로 한다. 시작은 작아도 끝이 창대한 것을 도미노의 성장 효과와 갭 투자의 복리 효과에서 보지 않았던가. 아파트 3채, 5채, 10채가 결코 남의 이야기가 아닌 바로 당신의 이야기가 될 수 있다.

통화량 상승에 따른 화폐가치의 하락과 인플레이션에 의해 우량 실물자산의 가치는 지속해서 상승한다. 이런 우량자산 갭 투자를 통해 경제적 자유를 누리는 분들이 많아지도록 오늘도 나는 열심히 뛴다. 온 힘을 다해 미치도록 일하고 사랑하고 공부하자. 이것이 바로 내 평생의 임무고 내 일생의 여정이다.

지은이 소개

I 이종주

(현) 슈퍼리치 코칭협회 회장
(전) 슈퍼리치 클럽 회장
저서 《내 집 마련 슈퍼리치》, 《갭 투자 슈퍼리치》, 《독서 날아오르다》
leejongju@naver.com

I 김명호

SNS 마케팅 전문가
수익형 부동산 투자자
uhomemk@naver.com

I 강수정

라이프나인 대표
블로그 마케팅, 온라인 마켓, 사진, 타로 등
1인 기업
온라인 마케팅 전문가
kkangsj@naver.com

I 김예은

디디오케팅 대표
마케팅과 컨설팅 예술전공자
블로그 마케팅, 마케팅 강의, 온라인 세일즈 전문
kkye0324@naver.com

I 권순미

백만 부동산 대표 공인중개사
반포베리타스 상가관리단 회장
snail6629@naver.com

I 김이삭

모두의 마케팅홍보 대행사 대표
rlatkr@nate.com

| 김익수

무역회사, 건강식품회사 대표
헬스클럽 축구아카데미 등 다수의 사업체 운영
부동산 투자자
kimiksoo@kakao.com

| 김채원

원리얼티 대표
부동산 자산관리사·공인중개사
부동산 투자·경공매·NPL 투자 전문가
Kym9152@naver.com

| 김형남

MaLogic Holdings Limited 글로벌 비즈니스
디자인엑스플레이 영업이사
게임콘텐츠 프로덕트 기획 및 시장 전략 전문가
0417khn@naver.com

| 노수영

매경자산관리사
(주)더스톤 대표이사
noja345@daum.net

| 모원민

전 바이오연구원
식품 브랜딩 기획 및 블로그, SNS 마케팅 활동 전문가
부동산 투자 및 성공 실천가
ahdnjsals@naver.com

| 민수인

인공지능로봇큐브창의교육원 대표
와와에듀케이션 대표 강사
외국어, 사고력, 온라인 교육 및 마케팅 컨설팅 전문가
xiuren@naver.com

| 박덕훈

서치앤 마케팅회사 이사
엠에이유니타스 강사
튜브웍스 대행사 대표
지식창업연구소 대표
parkdurkhoon@daum.net

| 신우진

서승범 코치 아카데미 부학장
느티나무치유학교 공동대표
클라우드 피앤에스 이사
프린틀리 대표
자동화플랫폼 서비스 사업
기업 강의 및 컨설팅 전문가
lojesus75@gmail.com

| 신일식

한국모든교육센터 대표
소상공인진흥공단 강사
KBS스포츠예술과학원 교수
(사)대한노인회 중앙회 정책위원
국민권익위원회 청렴연수원 강사
저서 《강사 CEO》
sisgoodhappy@naver.com

| 심규범

글로범 대표
(전)메이크유해피컴퍼니 대표
해외구매대행, 블로그 및 SNS 마케팅 전문가
sgb3797@gmail.com

| 오혜린

로고제작에서 패션브랜드 런칭
디자인에서 룩북촬영 진행
achellin@naver.com

| 용혜숙

여성 홈비즈니스 전문가
브랜딩 블로그 및 SNS 마케팅 전문가
eunjiyu2628@naver.com

| 이강민

똑똑한 비즈니스 연구소 대표
온라인 사업 나 홀로 비즈니스 메신저
1인 지식 사업가
온라인 쇼핑몰 운영 및 교육, 강의, 컨설팅 전문가
각종 SNS 운영(유튜브, 블로그, 인스타그램, 카페)
ekangmini@naver.com

| 이승재

대한브라질리언주짓수연맹 회장
SRC 회원
저서 《모두를 위한 주짓수》
champmaker.marc@gmail.com

| 이옥주

부동산 투자 전문가
꼬마빌딩 투자 전문가

| 이영원

전 SH경제연구소 부동산 투자 컨설턴트
전 슈퍼리치클럽 부동산 투자 컨설턴트
부동산 투자 전문가
저서 《내 집 마련 슈퍼리치》
blackput12@naver.com

| 이영환

부동산 디벨로퍼, 부동산 전업 투자자
한국부동산디벨로퍼협회 상임이사
WF부동산 연구소 소장, WF Castle 대표이사
계림건설 건설총괄 팀장
거목법률사무소 부동산 전문위원
오너스그룹사 부동산 전문위원
저서 《주택시장학 개론》
leedoyun77@naver.com

| 이혜원

SNS 마케팅 강사
온라인 마케팅 전문가
lhw2580@naver.com

| 임명섭

SC제일은행 34년 근무 RM
(현) (주)미디움 & kok 플랫폼 리더
블록체인, 메타버스, NFT, DeFi 기반 브렌딩 전략가
2620871@naver.com

| 임지영

자산관리사
종합재무컨설팅(증권, 부동산, 보험, 연금, 대체 투자 등)
f-consultant@naver.com

| 장순신

공인중개사
자산관리사
꼬마빌딩 관리 전문가
heawon537@gmail.com

| 장영복

(주)지금융코리아 지사 운영, 기업 R&D 지도사
기업컨설팅 및 금융컨설팅
세무, 노무, 법무 등의 전문가들의 협업 지원 전문가
goldrichgroup@naver.com

| 한기수

라이프코치
가온누리에듀 컨설턴트
한국교육콘텐츠개발원 강사
진로코칭, 자기주도학습 코칭 전문가
joygreen@empal.com

| 홍성준

성현 부동산 컨설팅 대표
저서 《부동산 슈퍼리치만 아는 투자 비밀》,
《내 집 마련 슈퍼리치》
부동산 투자 및 부동산 마케팅 전문가
superrichclub0713@naver.com

부자의 첫걸음
내 집 마련

초판 1쇄 2022년 5월 10일

지은이 이종주 외 29인
펴낸이 서정희 **펴낸곳** 매경출판㈜
기획제작 ㈜두드림미디어
책임편집 배성분 **디자인** 노경녀 n1004n@hanmail.net
마케팅 김익겸, 이진희, 장하라

매경출판㈜
등록 2003년 4월 24일(No. 2-3759)
주소 (04557) 서울특별시 중구 충무로 2(필동 1가) 매일경제 별관 2층 매경출판㈜
홈페이지 www.mkbook.co.kr
전화 02)333-3577
이메일 dodreamedia@naver.com(원고 투고 및 출판 관련 문의)
인쇄·제본 ㈜M-print 031)8071-0961
ISBN 979-11-6484-396-1 03320

책 내용에 관한 궁금증은 표지 앞날개에 있는 저자의 이메일이나
저자의 각종 SNS 연락처로 문의해주시길 바랍니다.

책값은 뒤표지에 있습니다.
파본은 구입하신 서점에서 교환해드립니다.

부동산 도서 목록

부자 경매의 시작
알기 쉬운 특수 경매
볼 줄 알고 읽을 줄만 알면
누구나 경매 투자할 수 있다!

신방수 세무사의
확 바뀐
부동산 매매사업자 세무 가이드북
실전 편

집을 싸게 사려면 내재가치를 마스터하라!
내 집을 싸게 사는
최고의 방법

서울시 공정경제과 황박사가 알려주는
NEW
상가임대차
분쟁 솔루션

멈출 수 없는
UNSTOPPABLE
공간개발의 미래과제와
부동산 투자의 새로운 시각

신방수 세무사의
주택임대사업자
등록말소주택
절세 가이드북

부동산 성공 투자의 시작
알기 쉬운
경매 실무
발품 팔면
성공이
보인다

RESTART
부동산 투자

극한직업
건물주

꼬마빌딩 건축

신방수 세무사의
확 바뀐
상가
빌딩
절세 가이드북

우대빵과 함께하는
성공 부동산
중개사무소
창업

지식산업센터
투자의
정석

닥치고 현장!
소액자본으로
부동산
부자되기

신방수 세무사의
부동산 증여에
관한 모든 것

부자 경매의 시작
알기 쉬운
기초 경매
볼 줄 알고
읽을 줄만 알면
경매는 한다

신방수 세무사의
2022
확 바뀐
부동산 세금
완전 분석

라첼과 함께 공부하는
셀프 경매
바이블
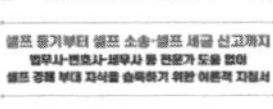

실전 사례로 풀어보는
상가 셀프
경매의 정석
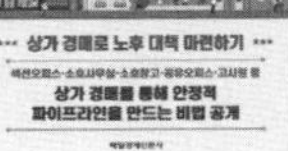
상가 경매로 노후 대책 마련하기
상가 경매를 통해 안정적
파이프라인을 만드는 비법 공개

부린이를 위한 특급 투자 비법
닥치고 현장!
부동산에
미치다
부동산 투자의 답은 현장에 있다!

돈이 없어도 투자가 가능한 빌라 투자의 NEW 패러다임
쉽게 따라 하고
빠르게 도전하는
빌라
투자
방정식

DEVELOPER
부동산 투자의 제4물결
디벨로퍼
경매

부동산 슈퍼리치만 아는
투자 비밀
SUPER RICH

월세
보증금으로
부동산 산다
반값 생활 경매 솔루션
부동산 시장이 급변해도
불변하는 부동산 경매의 장점!

개정판
신방수 세무사의
1인
부동산
법인
하려면 제대로
운영하라!

대박나는 부동산 중개
핵심
공인중개사
실무 교육

실전사례로 알려주는
부동산
경매·공매
특수물건
투자 비법

거지였던 나는
상가 투자로
32억
건물주가 되었다

공매 투자,
지금이 기회다

직장인도 따라 할 수 있는
별장펜션 창업

부동산 투자, 제대로 하려면 땅부터 하라
한권으로 끝내는
토지투자 성공공식

임장의 여왕이
알려주는
부동산 투자 전략

'발칙한 발상'이
부동산 성공 투자를
부른다
토지, 상가의 성공 투자법

미니
재개발·재건축의
모든 것

당신의 경제 탈출구가 되어줄
이기는
부동산 경매의
비밀

종부세
핵폭탄 대비하는
완벽 솔루션

신방수 세무사의
이제 부동산 세금을 알아야
주택 보유&
처분 할 수 있는 시대다

투자 전, 꼭 알아야 하는
상가임대차법
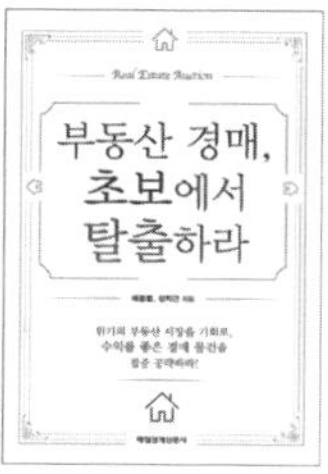
Real Estate Auction
부동산 경매,
초보에서
탈출하라

초규제 시대,
부동산 투자의 정석
2020년 이후 서울 아파트 시장을 전망한다

신방수 세무사의
2021
확 바뀐
부동산
세금
완전 분석

돈이 되는 부동산
VS
돌이 되는 부동산
부동산 투자자들이 꼭 알아야 하는 특급 비밀

신방수 세무사의
양도
소득세
완전
분석

사례로 풀어보는
지분경매
지분경매 해결 TWO 기둥
= 소송+협상
부동산 경매의 새로운 틈새시장,
지분경매의 해결 프로세스 제시

신방수 세무사의
부동산 거래 전에
자금출처부터
준비하라!

부동산 관리도
경영의 시대

부동산 관리와
종합서비스

신방수 세무사의
상속분쟁 예방과
상속
증여
절세 비법

김 과장도 돈 버는
셰어하우스
SHARE
HOUSE

내 생애 짜릿한
대박 상가
투자법

세금 모르면 주택임대사업 하지 마라!
신방수 세무사의
주택임대사업자
등록과
절세 비법

나는 장애를 딛고
부동산 경매로
성공했다
완벽한 준비란 세상에 없다
시기와 때를 기다리기보다 우선 시작하라!

불황에도 매출 10배 올리는
상위
1%
공인
중개사의
마케팅
비법

GTX 시대, 부동산 투자 비법은 따로 있다!
아파트는 살고
땅은 사라

부동산
상식을
돈으로
바꾸는 방법

해외 부동산 투자,
나는 말레이시아로
간다
MALAYSIA
투자자에게 알려주고 싶은 부동산 블루오션

당신도 건물주가 될 수 있다!
원룸 마스터
원룸으로 공무원의 삶을 누리자!

부동산 투자자, 계약자가 꼭 알아야 하는
부동산 실무 法 용어사전 1,000
부동산 거래의 핵심 단어 1,000개!

부자로 환승하라 머니트레인
부동산 투자, 이제는 지하철이 핵심이다!

부동산 투자 인사이트

그는 어떻게 부동산 1인 창업으로 10억을 벌었을까?
부동산 투자의 숨겨진 진실!

절세의 모든 기술 부동산 법인에 있다!
부동산 법인 A to Z

돈 버는 주택임대 관리기법
복합적인 관리업무와 경영활동이다!

10%대 수익률을 위한 최고의 부동산 재테크
P2P 투자의 정석
저금리 시대, 높은 수익률을 보장하는 최고의 재테크!

부동산으로 이룬 자유의 꿈
잘 키운 아파트, 직장 퇴사 안 무섭다!

아파트 경매, 지역 분석이 먼저다!

매매 사례를 중심으로 살펴보는
대박 친 빌딩 투자의 비밀

부자가 되기 위한 부동산 요리법
정준환의 부동산 레시피
요리를 하는 것처럼 부동산에 익숙해져라!

초보를 위한 취업과 창업 완벽 가이드
잘나가는 공인중개사의 비밀노트
한 권으로 정리한 단기 속성 실무전략

新 명품 토지 중개 실무
다양한 사례와 함께 살펴보는 실무 노하우

돈 길 따라가는 부동산 투자
정보력과 실전 경험이 바탕이 된, 앞을 내다보는 부동산 투자 기법을 전수한다

부동산 세무 가이드북 실전편
Real estate Tax Guide Book
2019

개념부터 쉽게 배우는 부동산 필수 상식
돈 되는 부동산은 따로 있다
300채 향이본 베테랑 저자가 전하는 부동산 투자 비법

지식산업센터 투자 실전 편
부동산 투자, 아파트형 공장이 틈새다

2달 만에 월세 200만 원 받는
월세 부자 레시피
이제 당신도 부자가 될 수 있다!

직장인들도 쉽게 따라할 수 있는
新 부동산 공매 가이드북
실전편

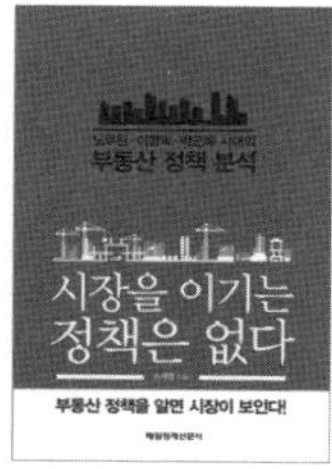

커피 한 잔 값으로
초대형 오피스 주인 되기
리츠
얼리어답터

신의 한 수
금맥
경매
토지 경매로 금맥을 캐다!

주택
아파트
세무 가이드북
실전편

권리분석
완전정복으로
10년 안에
10억 벌기
"처절한 경쟁에서
투자 성공률을 높여라!"

대한민국을
움직이는
땅 투자 법칙 100

땅투자
10단계 절대불변의 법칙
매일경제신문사

흔한 직장인의 흔하지 않은 투잡 경매 성공기
新 돈의 보감
평범한 샐러리맨, 투잡 경매로
5년에 10억 벌다
경매로 재테크하고
NPL로 두 번째 월급 받다

나는 갭 투자로
300채 집주인이
되었다
아파트 300채 부자
박정수가 공개하는
화제의 투자법 대공개!
실전편

토지
세무
가이드북
실전편

新 상가
투자
보물
찾기

상가
세무
가이드북
실전편

NPL
가격 산정의 비밀
정확한 NPL 가격 산출 시스템 특허출원!

응답하라!!
위기의
부동산

시크릿 부자경매
나는
토지 경매로
금맥을 캔다

NPL과 경매, 토지보상이 하나로
토지보상경매
실전활용

세무조사
실무
가이드북
Tax investigation
Practical affairs
Guide Book
실전편

야생화의
기초 경매
매일경제신문사

자산을
블링블링 키우는
포인트 경매

국토도시계획을 알아야
부동산 투자가 보인다

부동산의 숨어 있는 가치를 발견하라
불패의
부동산
36계 전략

GLOBAL
REAL ESTATE
INVESTMENT & DEVELOPMENT BIBLE
해외 부동산
투자&개발 바이블

만화로 풀어 쓴 경매 관련 판례 해설서!
부동산경매
대법원 판례집

부동산 경매 전문 변호사가 큰 맘 먹고 알려주는
유치권
깨트리는 法
지키는 法

新
부동산
경매
바이블
경매는 부동산 실무의 '완결판'이다!

울보멘토
야생화의
경매이야기

경매, 공매, NPL을 한권에 해결하는
Perfect
퍼펙트
경매
'단 한권으로 총 정리' 끝~

부실채권의 기본부터 수익률 분석까지
NPL
투자분석과
계약실무
실전편
Non Performing Loan
실무 사례를 통한 실전투자분석서!

NPL
랭킹업
투자비법
'NPL매각 실무' 전격 공개!

REAL ESTATE
RICHES
투자와 재테크는 부동산이 진리다!
부동산 부자들
큰 돈 들이지 않고도 부동산으로 성공하는
가장 확실한 방법 특별 공개!!

전업투자자와 공인중개사를 위한
손품 팔아
부동산
보물찾기
블로그 마케팅 편
"누구나 쉽게 배우는 부동산 블로그 마케팅의
핵심 노하우를 담은 책!"

부실채권의 기본원리부터 실전투자까지
NPL의
定石
Non Performing Loan
부실채권 실전투자를 위한 기본원리서!

지지않는
권리분석 VS
이기는
명도

이것이 진짜
토지
투자다

기관투자자만 아는
부동산 투자 운영
매뉴얼

경매
땡땡땡!
학교종이
어서
모여라!

부동산
등기
완전정복